DE COMBIEN D'INJUSTICES SUIS-JE COUPABLE ?

Jean-Michel Lambert

DE COMBIEN D'INJUSTICES SUIS-JE COUPABLE ?

COLLECTION **DOCUMENTS**

cherche midi

Vous aimez les documents ? Inscrivez-vous à notre newsletter pour suivre en avant-première toutes nos actualités :
www.cherche-midi.com

Direction éditoriale : Pierre Drachline

23, rue du Cherche-Midi
75006 Paris

À celles qui conjuguent avec moi le verbe « aimer ».

Avant-propos

En quelque trente-quatre années de fonction, combien d'existences ai-je brisées ? Combien d'innocents ai-je condamnés ? Combien ai-je rendu de jugements qui ont révolté, bouleversé ou simplement déçu ?

Ces questions resteront sans réponse…

Au soir de leur carrière, mes collègues se posent-ils les mêmes interrogations ? L'injustice est tellement inscrite dans le travail quotidien des juges qu'il est facile, voire normal, de s'en accommoder. Et il ne faut pas compter sur les plus hauts magistrats de l'institution pour que la justice l'emporte. L'époque serait même parfois à la régression.

Est-il normal que la perte d'un enfant ne soit indemnisée au grand maximum qu'à hauteur de 40000 euros s'il a été victime d'un acte criminel, ou de 30000 euros s'il a perdu la vie dans un accident de la circulation ? Eh oui, la justice sait nuancer à l'extrême la douleur des parents. Et celle des enfants également…

Est-il d'ailleurs normal que, de manière générale, les victimes d'accidents de la circulation, ou leurs ayants droit en cas de décès, soient indemnisés de manière souvent dérisoire, au terme d'un vrai parcours du combattant ?

Est-il normal qu'aujourd'hui encore quelques centaines de personnes soient détenues en moyenne 300 jours avant d'être innocentées ? En 2011, la justice a reconnu et réparé ses erreurs, ou supposées telles, dans 447 dossiers. Six ans après les derniers acquittements dans l'affaire d'Outreau...

Est-il normal que les préjudices subis par ces victimes d'erreurs judiciaires, au sens large du terme, soient réparés chichement et suivant des critères qui échappent parfois à la raison ?

Est-il normal que des victimes d'infractions ne voient jamais un euro des dommages-intérêts qui leur avaient été alloués par un tribunal ?

Est-il normal qu'un justiciable qui gagne son procès garde à sa charge une partie des honoraires de son avocat ?

Chaque jour, des juges répondent par l'affirmative à ces différentes questions.

Faut-il pour autant leur jeter la pierre ? Sous la réserve qu'ils n'ouvrent pas la porte au soupçon sur leur indépendance ou leur impartialité, ou que la passion ne les égare sur des chemins de traverse, ils ne sont pas plus responsables que le législateur qui bricole souvent des textes confus ou que le simple citoyen, juré aux assises, dont la voix entraînera la condamnation d'un innocent.

Pour autant, l'injustice ne doit pas être vécue comme une fatalité.

J'espère que mon témoignage permettra de progresser vers un idéal gravé dans le cœur de chaque être humain.

Dans l'attente de jours meilleurs, bienvenue dans le monde de l'injustice.

Vous êtes tous des Bernard Laroche !

Les jeunes l'ignorent et les anciens l'ont oublié : le 29 mars 1985, un homme fut abattu devant sa maison à Aumontzey, dans les Vosges, par le père du petit Grégory, cet enfant retrouvé dans la Vologne le 16 octobre 1984. Il s'appelait Bernard Laroche.

Épilogue abominable pour cet homme âgé de 30 ans, un citoyen ordinaire pris dans la nasse judiciaire par un tragique concours de circonstances. Je suis l'un des artisans de cette abjection, pour avoir inculpé Bernard Laroche le 5 novembre 1984 et l'avoir maintenu en détention pendant 3 mois, voulant croire à sa culpabilité quand la simple chronologie des événements démontrait à l'évidence qu'il n'avait pas pu tuer le petit Grégory. Au moins ai-je fini par mesurer toutes les incohérences du dossier. Tous ne l'ont pas fait.

Le grand tort de Bernard Laroche a été de ne pas présenter un alibi en béton le 16 octobre 1984 dans le créneau horaire d'une heure un quart au grand maximum (entre 17 heures et 18 h 15) pendant lequel le crime a probablement été commis. À partir de ce trou et surtout de détails *troublants*, la machine judiciaire s'est *emballée* pour lui fabriquer un emploi du temps et lui forger une personnalité faisant de cet homme sans histoire un assassin de la pire espèce. À la décharge des enquêteurs et des magistrats, je dois préciser que son nom n'est pas sorti du chapeau par hasard. J'insiste sur le fait que de multiples indices ont braqué sur lui les projecteurs. Il en est ainsi dans toutes les erreurs judiciaires. Le hasard total n'a pas sa place.

Pour croire à la culpabilité de Bernard Laroche, il faut tenir pour vraie la seule version des événements alors possible.

Selon celle-ci, le 16 octobre, à 17 heures, Bernard Laroche, qui arrive directement d'Aumontzey au volant de sa Peugeot 305, « récupère » sa belle-sœur, âgée de 15 ans et demi, à la sortie de son collège à Bruyères, une localité située à environ 7 km. Son fils Sébastien, sensiblement du même âge que Grégory (4 ans), est du voyage, sagement assis sur la banquette arrière. Ils se rendent à Lépanges, à 7 km, qu'ils traversent pour rejoindre un endroit sur les hauteurs de la commune. Laroche gare sa voiture, descend et va chercher à pied en terrain découvert sa future victime, qui joue devant la maison familiale, aux volets fermés. À leur retour à la voiture deux minutes plus tard, Grégory prend place sur la banquette arrière, à côté du petit Sébastien. Les deux enfants et l'adolescente n'échangent pas un mot.

Laroche fonce en direction de Docelles, à 6 km de Lépanges, après une courte halte dans ce dernier village pour s'absenter quelques instants. Arrivé à Docelles, il se gare sur une place bordée d'un café d'un côté et de la caserne des sapeurs-pompiers de l'autre, la Vologne devant lui. Il descend avec Grégory, s'éloigne et revient seul. Il regagne ensuite le domicile de sa tante Louisette, à Aumontzey, bourgade distante de 15 km de Docelles. Il repart en voiture quelques minutes plus tard, accompagné de son fils, pour aller acheter du vin en promotion dans un supermarché de Laval-sur-Vologne, entre 17 h 45 et 18 h 15 d'après l'ordre des chèques encaissés, puis retourne à Bruyères pour toucher dans un hôtel-restaurant-bar-PMU le tiercé gagné l'avant-veille dans le désordre.

Ce scénario soulève à mon avis quelques questions.

Comment Laroche pouvait-il savoir que ce jour-là, de retour de chez sa gardienne, Grégory jouerait en fin de journée devant la maison de ses parents ? Comment pouvait-il savoir que les volets de la maison seraient fermés, la maman qui repassait dans le séjour ne pouvant dès lors pas voir la scène de l'enlèvement ? À quel moment aurait-il écrit la lettre revendiquant le crime, glissée dans la boîte à la poste de Lépanges avant la levée du courrier ? Ce serait lors du premier arrêt à Lépanges ? La lettre était donc déjà écrite ? Laroche savait donc qu'aucun obstacle n'empêcherait le crime ! Ou il aurait pensé à prendre de quoi écrire et poster le courrier abject adressé au seul père de Grégory ? À quel moment l'aurait-il alors écrit ? Il se serait par ailleurs muni de cordelettes, voire d'une seringue à insuline, retrouvée près du lieu où Grégory a été probablement jeté à l'eau, toujours sans savoir que l'enfant jouerait dehors ! À quel moment aurait-il ligoté l'enfant ? Et d'où aurait-il passé, semble-t-il à 17 h 32, le coup de fil à Michel, son grand copain et par ailleurs un oncle de Grégory, pour revendiquer le crime, en déguisant sa voix ? Depuis chez sa tante Louisette, avant de filer acheter du vin ? Quel acharnement ! Que de risques de téléphoner à un très bon copain, même en maquillant sa voix, que de surcroît il avait vu dans l'après-midi ! C'est toujours chez sa tante Louisette qu'il aurait écrit la lettre revendiquant le crime ? Pourquoi retourner alors à Lépanges pour la poster ? Et enfin quel sang-froid, pour songer aussitôt à filer dans un supermarché sur une autre localité acheter du vin en promotion (laquelle durait toute la semaine !) puis toucher son tiercé (une somme de 169 francs) dans un PMU de Bruyères !

Tous ces événements, je le répète, dans un créneau horaire d'une heure un quart au grand maximum, entre la sortie des classes à Bruyères et l'achat du vin à Laval-sur-Vologne.

Je dois ici tordre le cou à une « hypothèse » que j'ai moult fois entendue, qui ferait d'une jeune femme la complice de Bernard Laroche pour commettre ce crime abominable, « amants diaboliques » de la pire espèce qui auraient éliminé un témoin gênant de leurs ébats. Petit problème : strictement aucun élément du dossier ne permet d'envisager un seul instant ce scénario, totalement absurde et abject, auquel aucun enquêteur ou magistrat n'a donné foi, sinistre rappel des procès en sorcellerie d'antan.

On a donc fabriqué un emploi du temps à Bernard Laroche pour faire de lui l'assassin du petit Grégory. On lui a également inventé un mobile. Qui soulève de nouvelles questions.

La haine, la jalousie envers les parents du petit garçon ? Ah, la jalousie ! Elle dévorait Laroche parce que Grégory était un enfant magnifique, alors que son fils souffrait d'une hydrocéphalie nécessitant un drain dans l'oreille ? Ou parce qu'il n'était passé contremaître que depuis septembre 1984, alors que le père de Grégory l'était depuis plusieurs années ? Ou que les parents de l'enfant affichaient leur réussite matérielle, ayant paraît-il acheté un salon en cuir début septembre 1984 ?

L'histoire des faits divers démontre que la jalousie est un moteur puissant du crime, qu'elle alimente pendant parfois des années une haine qui se nourrit au fil du temps avant d'exploser soudain dans le sang. Mais, dans cette affaire, ce mobile se heurte aux multiples incohérences du dossier, auxquelles je n'ai pas entendu de réponses intelligentes et pertinentes. Il y a des degrés dans la jalousie. N'est-elle pas inscrite au cœur de chaque être humain, un poison à l'état de veille qui agit lorsque les circonstances l'autorisent ? J'ai pu moi-même constater à la lumière de certains événements de ma vie personnelle que je n'en étais pas dénué, alors que je me croyais à l'abri. Son extrême banalité interdit, à mon avis, de transformer dans cette affaire quelques éventuels et très anodins *motifs* de jalousie en puissant *mobile* pour le plus abominable des assassinats, sachant par ailleurs que le couple Laroche était propriétaire de son pavillon et possédait deux véhicules de cylindrées voisines de ceux des parents de Grégory.

Mais, alors, comment Laroche a-t-il pu se retrouver dans la nasse judiciaire ? Je ne saurais résumer en quelques pages le véritable concours de circonstances qui a projeté un innocent dans un piège fatal. Autopsie bâclée aux conclusions discutables, témoignages erronés, erreurs de procédure des uns et des autres, travail sous haute tension médiatique, et j'en passe, tout a concouru à fabriquer un coupable. J'ai été l'un des rouages, et pas le moindre, de la machine infernale, pour ne pas avoir mesuré dès le début toutes les incohérences de la « piste Laroche ». J'ai manqué, nous avons manqué, de pouvoir travailler dans la sérénité, cette condition indispensable dans toute enquête criminelle. Mais, quand j'ai corrigé mes erreurs (un jugement du TGI de Paris du 20 novembre 2002 m'a d'ailleurs totalement rendu justice), d'autres acteurs de l'affaire ont refusé d'admettre s'être trompés.

Si le procès de l'assassin de Bernard Laroche devant la cour d'assises de Dijon en novembre et décembre 1993 a permis de dévoiler la plupart de ces dysfonctionnements, les mensonges proférés par leurs responsables ont complètement brouillé les pistes.

Je n'en relèverai que deux me concernant directement, les plus « hénaurmes », destinés à discréditer mon travail et, à partir de là, accréditer la thèse de la culpabilité de Bernard Laroche.

Lors de l'autopsie de Grégory, je me serais opposé « violemment » au prélèvement des viscères, un manquement qui ne permettra jamais de connaître les vraies causes du décès. Pur mensonge ! Les deux légistes disposaient d'une mission complète, et ils n'avaient pas à solliciter mon accord ou mon avis pour telle ou telle partie de leur travail.

Après les « aveux » de la jeune Murielle concernant les faits du 16 octobre, les gendarmes n'auraient pas réussi à me joindre car j'étais parti en week-end. Pur mensonge ! Je n'ai pas quitté Épinal les 3 et 4 novembre 1984, pour la simple et bonne raison qu'étant « de permanence instruction », je devais rester joignable à tout moment.

À côté de ces mensonges, au sujet desquels je n'en dirai pas davantage, certains ont diffusé des rumeurs abjectes, toujours dans le même noir dessein. Par exemple, que mon amitié avec l'un des avocats de Laroche a influé sur l'orientation du dossier en faveur de ce dernier. Rien n'est plus faux. Les relations de sympathie que j'entretenais avec cet avocat, comme avec d'autres, fréquentes dans les petites juridictions lorsque les dossiers amènent magistrats et avocats à se côtoyer régulièrement, n'ont bien entendu nullement joué sur mon travail. On ne peut d'ailleurs pas dire que les avocats de Laroche m'aient fait des cadeaux, exerçant à fond leur rôle de défenseurs... Une autre rumeur a également longtemps couru, celle que j'avais été dessaisi. Sous-entendu : je n'étais pas à la hauteur. Elle est tout aussi fausse.

Je reviens au procès de l'assassin de Bernard Laroche. À ma connaissance, c'est la première fois dans l'histoire de la justice française qu'on a consacré presque huit semaines à juger l'auteur d'un seul crime, qui s'est rendu spontanément aux enquêteurs et n'a pas fait mystère de son mobile ! Pourquoi alors une telle durée ? Tout simplement parce qu'on a voulu faire autant le procès de la victime que celui de l'assassin.

Certes, il arrive parfois que le procès d'un criminel soit également celui de sa victime, quand par exemple celle-ci était un tyran domestique ou un pervers sexuel de la pire espèce, et que personne ne pleure sa disparition brutale. Le coupable bénéficie alors de la compassion générale. Mais à Dijon on a cherché à juger un homme sans que jamais apparaisse une seule preuve indiscutable qu'il était l'assassin du petit Grégory, et pour cause, en faveur de qui je m'apprêtais d'ailleurs à rendre un non-lieu, dont sa mort l'a privé.

Ce procès de Dijon a eu un effet pervers, celui de laisser planer le doute sur l'innocence de Bernard Laroche.

Quand un accusé est acquitté ou qu'un mis en examen bénéficie d'un non-lieu, cette décision de justice interdit de remettre en cause l'innocence de l'intéressé, même si des interrogations subsistent. Dans cette affaire, certains acteurs du dossier et leurs inféodés médiatiques continuent depuis 1993 de s'engouffrer dans la brèche ouverte par un assassinat ayant réduit un homme au silence pour salir sa mémoire. L'injustice poursuit Bernard Laroche jusque dans sa tombe. Honte aux auteurs de cette abjection !

La découverte de l'ADN et dans une moindre mesure la création du JLD (juge des libertés et de la détention) constituent d'indéniables progrès qui, ces dernières années, ont permis d'éviter ou de mettre fin à des erreurs judiciaires. Dans l'affaire Grégory, les avancées techniques et scientifiques auraient très probablement confondu rapidement l'assassin de l'enfant. Il n'empêche. Quand les éléments se liguent contre une personne qui ne dispose pas d'un alibi en béton et que la science n'est d'aucun secours pour démasquer le coupable, l'erreur reste toujours possible. La justice est rendue par des hommes et des femmes qui travaillent sur de la pâte humaine, dans un foisonnement d'éléments objectifs et de preuves irréfutables, mais également de preuves discutables ou de considérations toutes subjectives, n'excluant pas toujours la passion et les préjugés.

Quand les barrières du doute raisonnable sont renversées au profit de certitudes, la porte est alors ouverte à tous les errements.

Bernard Laroche restera pour moi l'exemple emblématique de ces dérives fatales.

Quand l'injustice fait des heureux...

Au début de l'année 2012, parce que c'était un patron et qu'il était assisté d'un avocat retors, j'ai permis à un prévenu d'échapper aux foudres de la loi. Il aurait été de condition modeste et aurait comparu seul, je le condamnais sans état d'âme.

Une explication s'impose.

Ce chef d'entreprise était poursuivi devant le tribunal de police pour avoir dépassé de plus de 50 km/h la vitesse maximale autorisée sur autoroute, en l'espèce 214 km/h au lieu de 130. Son avocat, dont le site Internet précise qu'il est spécialisé dans ce genre d'infractions, avait soulevé par conclusions écrites la nullité de la procédure au motif que le procès-verbal de constatations mentionnait que le véhicule avait été flashé un 30 septembre, alors que le PV d'audition de son propriétaire, qui ne contestait pas les faits, avait été rédigé le 29 septembre. « Simple erreur de plume », avait rétorqué le substitut à l'audience. « Pourquoi l'erreur de plume serait-elle en défaveur de mon client ? avait répliqué l'avocat finaud. Pourquoi ne pas considérer que mon client roulait à 124 km/h et non à 214 ? » En application de l'article 429 du Code de procédure pénale (« *Tout procès-verbal ou rapport n'a de valeur probante que s'il est régulier en la forme, si son auteur a agi dans l'exercice de ses fonctions et a rapporté sur une matière de sa compétence ce qu'il a vu, entendu ou constaté personnellement* »), je n'avais pu que « renvoyer des fins de la poursuite » le chauffard, conforté dans mon absence de choix par une abondante jurisprudence produite par l'avocat. Le parquet n'avait pas fait appel de ma décision.

Mais l'histoire ne s'arrête pas là. Le 22 février 2012, soit six jours après le jugement, *Le Maine libre* titrait à la une : « Contrôlé à 214 km/h sur l'A28, l'automobiliste est relaxé ». Le hasard voulut que je déjeune le lendemain avec un ami, étranger au monde judiciaire, qui me parla de cette décision sans savoir que j'en étais le responsable. « Je suis outré qu'un véritable danger sur la route, un assassin en puissance, échappe à toute sanction pour une banale erreur de procédure ! » Je lui avouai alors que j'étais à l'origine de cette injustice. « Mais tu n'aurais pas pu dire que cette simple erreur était moins importante que la faute gravissime commise par ce fou ? » Je ne réussis pas à le convaincre de l'importance au regard de la loi et de la jurisprudence du vice de procédure, en réalité la simple étourderie d'un gendarme probablement fatigué en fin de journée, et de ma certitude que si j'avais condamné le chauffard, en étant bien en peine pour motiver mon jugement, la cour d'appel aurait infirmé ma décision quelques mois plus tard. Certes le prévenu aurait dû débourser de nouveaux honoraires, une autre forme de sanction, mais, à l'arrivée, tout cela aurait ressemblé à un beau gâchis par volonté délibérée de ma part d'ignorer les textes.

Quand ils ont lu l'article du journal, comment les automobilistes qui respectent scrupuleusement les limitations de vitesse n'ont-ils pas ressenti une injustice en voyant un chauffard échapper à la loi ?

Comment des conducteurs qui se sont fait flasher en ville ou à la campagne pour avoir dépassé de 4 ou 5 km/h la limite autorisée n'ont-ils pas vécu cette impunité comme une terrible injustice ?

Je vais encore plus loin : combien de citoyens condamnés pour la même infraction ont regretté, souvent faute de moyens, de ne pas avoir été assistés d'un défenseur procédurier ?

Et combien de dangers publics ayant recouru aux services d'un avocat regrettent les honoraires versés parce que leur défenseur leur avait fait miroiter l'espoir d'une relaxe, alors que l'auxiliaire de justice savait que la procédure était parfaitement régulière ?

Enfin, qu'ont pensé les gendarmes, ou les policiers dans d'autres dossiers, de voir leur travail anéanti pour une simple étourderie ?

Pourtant, toutes ces questions se heurtent à un principe inscrit dans la Convention européenne des droits de l'homme, à savoir le droit pour chaque personne poursuivie à un procès équitable, lequel passe notamment par l'égalité des armes entre les parties et le droit de discuter les éléments de preuve. Cet équilibre est nécessairement rompu lorsque la procédure est entachée d'un faux, fût-il involontaire et *a priori* insignifiant. La morale commune ne trouve peut-être pas son compte dans le respect de ce principe auquel le juge doit constamment veiller. Mais la justice ne peut tolérer aucun écart, générateur d'arbitraire. En revanche, l'injustice vient du fait que, parfois, seul un portefeuille bien garni aide au rappel des textes...

À l'autre extrémité de l'échelle des infractions, la condamnation d'un innocent dans une affaire criminelle constitue la plus abominable des injustices. Elle trahit les failles et les limites de l'institution.

Combien d'innocents ai-je condamnés ?

Pendant qu'il enfilait sa robe rouge, ce matin de janvier 2009, le président me confia, avec la moue de circonstance : « C'est bizarre, mais cette affaire, je ne la sens pas. Je n'exclus pas l'acquittement. »

Les événements devaient lui donner raison.

Johnny B. était un homme de 42 ans, peintre en bâtiment au chômage, renvoyé devant la cour d'assises pour viols et agressions sexuelles commis sur la fille de sa compagne.

L'affaire avait éclaté quand trois collégiennes s'étaient présentées un jour de septembre à la conseillère principale d'éducation. Elles avaient révélé que leur camarade, nous l'appellerons Jessica, s'était confiée sur les violences physiques et surtout sexuelles qu'elle avait subies de la part de son beau-père. Jessica avait ensuite confirmé les faits devant la responsable de l'établissement, qui adressa aussitôt un signalement au procureur de la République.

Jessica réitéra ses accusations lors de son audition par les gendarmes et donna des précisions. Après l'avoir caressée sur la poitrine et le bas du corps, par-dessus ou sous les vêtements, son beau-père lui avait infligé des pénétrations anales à de multiples reprises et l'avait contrainte à des fellations. Ces viols avaient débuté quand elle était âgée de 10 ou 11 ans. Elle n'avait rien dit à sa mère car Johnny l'avait menacée de la tuer si elle parlait. Les derniers faits remontaient à la fin août.

Interpellé, Johnny B. nia les faits. Mis en présence de la victime présumée, il resta sur ses positions. Il nia encore devant le juge d'instruction, reconnaissant simplement avoir botté les fesses de Jessica et lui avoir donné une petite claque suite à son renvoi du collège pour quelques jours.

Devant le juge d'instruction, Jessica donna des détails très crus, indiquant par exemple que les fellations se terminaient souvent par des éjaculations dans la bouche.

Devant le même magistrat, Johnny B. s'acharna à nier, affirmant qu'il était gênant à la maison en sa qualité de beau-père et que Jessica lui avait d'ailleurs balancé: « Tu n'es pas notre père, tu n'as rien à dire, quand est-ce que tu pars ? »

Bien entendu, le juge avait organisé une confrontation, mais Jessica s'était effondrée en larmes dès l'entrée de son beau-père dans le cabinet, refusant de s'exprimer en sa présence. Le collègue avait donc entendu Jessica seule…

Et c'est notamment fort des accusations confirmées pour la énième fois que, quelques mois plus tard, il décida de renvoyer Johnny B. devant la cour d'assises et surtout de le maintenir en détention. Une fois de plus, la balance pesait en faveur de l'accusation ! Alors que, selon moi, le juge aurait dû tirer comme conséquence du refus de Jessica d'être confrontée à son violeur présumé sa remise immédiate en liberté, mesure accompagnée d'un contrôle judiciaire très strict, comportant d'abord l'interdiction totale d'entrer en contact avec la « victime », sous peine de retourner derrière les barreaux. Car il existait à l'évidence de sérieux doutes sur la réalité des faits.

Certes Jessica s'était confiée à des copines de collège ; certes elle avait confirmé ses accusations devant la principale, puis devant les gendarmes et enfin devant le magistrat instructeur. Mais pourquoi avait-elle refusé la confrontation ? Par peur de son « agresseur » ? Elle ne risquait rien puisqu'il était détenu. Pourquoi mon collègue ne s'était-il pas demandé si Jessica ne redoutait pas d'avouer qu'elle avait menti ? Surtout que de nombreux éléments fragilisaient déjà le dossier. Sans même tenir compte des dénégations constantes de Johnny B. (on en avait vu d'autres, des violeurs qui niaient l'évidence jusqu'au bout), il y avait quand même la personnalité de la « victime », dont les diverses auditions et expertises (j'y reviendrai bientôt) suscitaient des interrogations. Le profil de Johnny B. cadrait mal avec l'horreur des viols dénoncés. Alors oui, je le répète : la remise en liberté de Johnny B. s'imposait. Des accusés comparaissent parfois libres et partent en détention sitôt le verdict prononcé. Pourquoi, à deux reprises, les conseillers de la cour d'appel avaient-ils confirmé des ordonnances du JLD rejetant des demandes de mise en liberté ?

Dès les premières minutes du procès, à la lecture monocorde de l'acte d'accusation par la greffière, je partageai les doutes du président de la cour d'assises.

La matinée fut consacrée à l'examen de la personnalité de l'accusé, suivant le rituel, réglé comme une horloge. Dans chaque affaire, le président évoque d'abord l'enfance et la jeunesse de l'accusé, rarement heureuses, détaille sa vie avant les faits. Défilent ensuite à la barre les membres de la famille et les compagnons de travail qui ont accepté de témoigner, qui donnent en général une image favorable de l'accusé. Dans le cas de Johnny B., son entourage décrivait un homme calme et gentil, aimant la pêche, le cinéma et les jeux de société, « pas amateur de films X ». Certes, six condamnations à son casier judiciaire ternissaient un peu le tableau, mais elles sanctionnaient uniquement des vols avec effraction, jamais des actes de violence. Nous entendîmes l'expert psychiatre, qui n'avait pas relevé de maladie mentale et pour qui les faits reprochés n'étaient pas en relation avec une pathologie psychiatrique. Le psychologue qui le relaya à la barre ajouta qu'il s'agissait d'un sujet assez immature, habitué de longue date « à ne s'assumer que sur un mode utilitaire, sur fond d'égocentrisme comportemental, sans structure perverse ».

Au sujet de la victime présumée, qu'il avait également examinée, le même expert nous apprit qu'elle était « victime de carences socio-affectives, qui avaient généré des conduites très extraverties, avec une connotation histrionique », mais que les faits n'avaient pas laissé de séquelles traumatiques.

À mon avis, il y avait dans ces deux expertises de quoi s'interroger sur la matérialité des faits : pas de pathologie psychiatrique ou de structure perverse d'un côté, absence de séquelles traumatiques de l'autre. Pour des viols qui se seraient répétés sur de longues années !

Nous entendîmes Jessica en toute fin de matinée, juste avant la pause déjeuner, pour respecter un rituel qui paraît immuable devant la cour d'assises. Après l'impression positive produite par l'accusé, dont le passé porte presque toujours à la compassion, il s'agit de ramener les jurés à la cruelle réalité des faits reprochés et donc de casser l'image favorable. La jeune fille de 15 ans, ravissante, confirma ses accusations. Je ressentis cependant un malaise. Les victimes de viol ont en général du mal à s'exprimer, les mots sortent d'un ton haché, elles tremblent de tous leurs membres, n'osent pas regarder leur bourreau. Jessica paraissait très décontractée, souriait souvent et surtout racontait les faits en des termes d'une crudité étonnante.

En regagnant le tribunal après la pause déjeuner, je l'avais surprise sur le parvis de la cité judiciaire en grande discussion, ponctuée de rires, avec une copine. De quoi me troubler encore davantage.

Un rebondissement inscrit dans cette logique allait marquer la reprise des débats.

L'avocat de Jessica informa la cour qu'elle souhaitait faire une déclaration. Le président la rappela donc à la barre. Et là, elle révéla en quelques phrases balancées comme une évidence qu'elle avait menti depuis le début ! Johnny B. ne l'avait jamais violée ni même agressée d'une quelconque manière ! Elle avait inventé toutes ces histoires pour se débarrasser de son beau-père, dont elle ne supportait plus la sévérité, qui l'empêchait de sortir le soir et la privait parfois de télévision.

Pendant deux heures, elle subit alors un feu roulant de questions de la part du président de la cour, de l'avocat général, de son propre avocat et de celui de Johnny B. D'apprendre qu'elle encourait des poursuites pour dénonciation calomnieuse ne la déstabilisa pas du tout, témoin les sourires narquois et les répliques d'un je-m'en-foutisme cinglant renvoyés à un avocat général fulminant.

À l'issue de ce passage sur le gril, je vécus un grand moment. Le propre avocat de Jessica mit en doute le revirement de sa cliente : quel était son intérêt de mentir, alors que, par ses accusations, elle déstabilisait la situation familiale ? La conseillère d'orientation avait déclaré aux enquêteurs que Jessica n'était pas méchante, ne mentait jamais. Bref, son défenseur se raccrochait aux branches…

Mais le morceau de bravoure vint de l'avocat général lors de ses réquisitions. Il releva neuf éléments à charge contre Johnny B., précisant que deux demandes de mise en liberté présentées en vingt-cinq mois avaient été rejetées, que « les gens du voyage n'avouent jamais [...]. Pourquoi Jessica ne se serait-elle pas conformée aujourd'hui au rôle que M. B. lui assigne depuis deux ans ? Elle ment ! Elle ment ! Elle ment !... » Réquisitions : huit années d'emprisonnement.

La partie n'était pas gagnée pour l'avocat de Johnny B., un brillant juriste encore jeune, plus habitué cependant aux contentieux civils qu'aux affaires pénales. Il releva toutes les incohérences du dossier, leur nombre étant supérieur à neuf, avant de citer une lettre de Jessica envoyée à Johnny : « On t'aime. Tu nous manques » et de demander bien sûr l'acquittement de son client.

Qui fut prononcé publiquement deux heures plus tard.

Par mon bulletin, dans le secret du délibéré, ai-je contribué à faire acquitter un coupable ?

Au cas où j'aurais eu un doute, il aurait été très vite balayé par les derniers propos de l'avocat général, en accord complet avec ceux du propre défenseur de Jessica. La tradition veut que, à l'issue du procès civil qui suit le procès pénal après le départ des jurés, les avocats et le représentant du ministère public viennent saluer les trois magistrats de la cour. L'occasion souvent de commenter le verdict, sans que les magistrats ne trahissent jamais le secret des délibérations. L'avocat général, très souriant, lâcha alors ces mots : « Ah, la sale petite peste, elle nous a bien menés en bateau ! » En d'autres termes, les réquisitions n'étaient que du vent, du cinéma ! Dans quel but ? Faire condamner un innocent ? En fait, tenter de sauver les meubles, car un acquittement signe toujours l'échec de l'institution judiciaire. Par son incapacité à démasquer un criminel lorsqu'il y a mort d'homme, ou par l'acharnement manifesté à l'égard d'un innocent à tous les niveaux de la procédure : mise en examen, rejet des demandes de mise en liberté, confirmées par la chambre de l'instruction, renvoi devant la cour d'assises. À croire que, pour certains collègues, aujourd'hui encore cet échec est insupportable et que la vie d'un innocent compte moins que le camouflet infligé à l'institution...

L'affaire de Johnny B., passée inaperçue dans les médias, reste à mes yeux emblématique du dur métier de prétendre rendre la justice et surtout des risques qu'il comporte.

Une première question s'impose : quel sort aurait connu Johnny B. si Jessica avait maintenu ses accusations ? Comme toujours en matière d'infractions sexuelles, à l'exception parfois des viols collectifs, lorsque l'accusé ou le mis en examen nie les faits, c'est la parole de l'un contre la parole de l'autre. L'ADN aide à confondre l'auteur lorsque la victime court déposer plainte dans les heures qui suivent. En revanche, rares sont les violeurs qui ont l'idée lumineuse de filmer leurs exploits. Voilà quelques années, la cour d'assises de la Sarthe a connu une affaire où un pervers avait attiré dans sa chambre des copines de sa fille, âgées de 7 ou 8 ans, et s'était livré à des caresses sur les petits corps nus. L'individu avait placé un caméscope sur le dessus de l'armoire. Comme il niait les faits, nous avions dû visionner la séquence la plus horrible, celle où l'on voyait le personnage introduire une phalange dans le vagin d'une des trois ou quatre gamines qui jouaient autour de lui en toute innocence. Sans ces images, dont je peux témoigner que leur abjection marque durablement les esprits (je les revois aujourd'hui encore), nous aurions dû l'acquitter du crime de viol pour ne retenir que des agressions sexuelles sur mineures de 15 ans, punies d'une simple peine correctionnelle...

Pour revenir à Johnny B., comment aurais-je répondu à la question de la culpabilité si Jessica n'était pas revenue sur ses déclarations ? Un vrai cas de conscience car, en dépit des incohérences du dossier, un acquittement revenait à nier à Jessica la qualité de victime et peut-être alors à compromettre son avenir en lui refusant la possibilité de se reconstruire. Quelle aurait été mon intime conviction ? Qu'aurait pesé dans ma balance l'« histrionisme » de Jessica relevé par un expert, autrement dit son comportement théâtral, face à l'« égocentrisme comportemental » décelé par le psychologue chez Johnny B. ? Quel qu'eût été le verdict de la cour, le doute m'aurait longtemps poursuivi...

À la lumière de l'affaire d'Outreau, et en dépit de ses nombreuses zones d'ombre, combien de fois nous sommes-nous trompés, moi et mes collègues du tribunal correctionnel, quand nous avons condamné dans les années précédant cette tragédie judiciaire des hommes poursuivis pour des agressions sexuelles commises par ascendant ou personne ayant autorité ?

Il s'agit souvent de viols correctionnalisés avec l'accord tacite des différentes parties pour des raisons tenant en général à la personnalité de la victime ou au contexte de l'affaire. Si « toute pénétration sexuelle de quelque nature qu'elle soit, commise sur la personne d'autrui par violence, contrainte, menace ou surprise », définition juridique du viol, était renvoyée devant la cour d'assises, celle-ci siégerait à longueur d'année, avec parfois des verdicts désastreux. Magistrats et avocats préfèrent laisser aux seuls professionnels le soin de juger certains dossiers délicats, ceux dans lesquels l'émotion ou la passion risquent de polluer l'intime conviction de jurés. Par exemple, la cour d'appel de Toulouse a retenu en 2006 le délit d'agression sexuelle aggravée consistant en l'« intromission » digitale puis du sexe commise sur la banquette d'une voiture par un prévenu alcoolisé sur une jeune fille de 16 ans shootée par son traitement médical. Si ce n'est pas un viol... Pratiquement chaque semaine, j'ai connu des dossiers similaires au tribunal correctionnel de Bourg-en-Bresse. Je m'interroge aujourd'hui : combien d'innocents ont été condamnés, victimes de la vindicte d'une femme ayant « instrumentalisé » son enfant ? Je me souviens du cas d'une toute petite fille qui s'était plainte des caresses pratiquées pendant qu'il lui faisait sa toilette par le compagnon de l'époque de sa mère. Elle avait raconté aux gendarmes que l'homme avait un « zizi tout noir », « large comme ça », avait-elle ajouté en écartant les bras, ce qui donnait un sexe d'une bonne cinquantaine de centimètres ! Mais un psychiatre avait trouvé je ne sais plus quelle explication à cette erreur d'appréciation. Nous avions donc déclaré le prévenu coupable et l'avions condamné à une peine d'emprisonnement avec sursis et mise à l'épreuve avec obligation de suivre des soins, après avoir écarté son argumentation, selon laquelle la mère de la gamine voulait le priver de son droit de visite. Certes la peine prononcée n'entachait pas l'avenir professionnel du prévenu, mais n'avons-nous pas ce jour-là commis une belle injustice en condamnant un innocent ? Et si l'affaire était unique... Combien de fois en effet avons-nous tranché en nous appuyant sur des expertises de psychiatres ou de psychologues affirmant d'une part que la parole de l'enfant était « crédible » et éclairant d'autre part les infractions reprochées par de quelconques et très banals troubles mentaux, des carences affectives, etc. ?

Ah, les experts ! Je sais par expérience qu'il est impossible de leur accorder une confiance aveugle, quelle que soit leur spécialité. Je sais également que nous n'avons pas d'autre choix que celui de leur faire confiance.

Combien de fois dans ma carrière ai-je entendu des inculpés, des prévenus, des accusés dire : « J'ai rencontré cet homme une seule fois, et ça n'a pas duré plus d'une demi-heure. Il m'a posé trois ou quatre questions, c'est tout. Je me demande comment il peut raconter tout cela sur mon compte » ? Au-delà de cette réalité choquante, il est vrai également que d'autres experts ne ménagent ni leur temps ni leurs efforts pour éclairer de leurs compétences un dossier, une autre réalité étant qu'ils sont dans certains domaines en nombre insuffisant, payés avec plusieurs mois de retard et pas toujours bien considérés. Dans les contentieux civils, ils sont très fréquemment sollicités pour déterminer par exemple les causes et les responsabilités dans des malfaçons affectant une construction. Or même ces domaines purement techniques, qui ne devraient soulever aucune contestation, donnent lieu parfois à de sévères « batailles d'experts ». Preuve, s'il en était besoin, qu'ils ne détiennent pas la science infuse. Combien de fois ai-je dû lire et relire des rapports contradictoires avant de juger si des tuiles étaient ou non gélives, ou si un véhicule d'occasion était affecté de vices apparents lors de la vente, moi qui ne suis pas bricoleur et qui ne soulève jamais un capot de voiture sans une immense perplexité ?

Plus sérieusement, lorsque la liberté et la dignité d'une personne sont en jeu, l'influence des experts est effrayante. Au-delà de leurs compétences, qui ne sont désormais plus contestables (quoique…), une réalité fait que leurs travaux doivent toujours être pris avec des pincettes : la connaissance qu'ils ont du dossier par les pièces qui leur sont remises afin d'exercer leur mission. Il faut parfois beaucoup de courage, j'insiste sur le mot, pour aller à l'encontre d'une « évidence judiciaire », lorsque les enquêteurs et la justice se fourvoient en toute bonne foi et que les travaux d'expertise mettent le doigt sur une tout autre réalité. Je sais bien entendu de quoi je parle… Pour revenir à l'affaire de Johnny B., relever l'« histrionisme » de la victime prétendue de viols multiples ouvrait la voie au doute sur la matérialité des faits. C'était tout à l'honneur du psychologue d'avoir mentionné dans son rapport ce trait de caractère. En revanche, le fonctionnement sur le « mode utilitaire, sur fond d'égocentrisme comportemental » de Johnny B. ne constituait-il pas une explication facile, livrée par le même expert, alors que les éléments du dossier accablaient le présumé coupable ? Combien d'hommes de tous milieux socioculturels fonctionnent d'ailleurs sur ce « mode utilitaire » sans être pour autant des pervers sexuels ?

Comme les magistrats, les experts sont donc faillibles. Leurs lumières sont, hélas, indispensables dans certains dossiers. Voire déterminantes…

Cette parenthèse sur les experts refermée, l'affaire d'Outreau, telle qu'elle reste perçue, a-t-elle changé les mentalités sur l'appréciation des charges ? Pas sûr. Aurait-elle pesé sur ma réflexion sans le revirement de Jessica ? Je n'en suis pas convaincu. Combien d'innocents continuent d'être « condamnés au bénéfice du doute » ? Il faut vraiment qu'aucun barrage ne se dresse en travers de la reconnaissance de l'innocence pour qu'un acquittement ou une relaxe s'impose. L'affaire de Johnny B. démontre que, même lorsqu'une soi-disant victime revient sur ses accusations, le ministère public a parfois du mal à abandonner les poursuites. La décision dépend alors de la personnalité du parquetier. Certains sont moins acharnés que d'autres à sauver les meubles. L'avocat de l'accusé peut contribuer bien entendu à ce que son client sorte libre du prétoire. Je frémis en lisant que maître Dupond-Moretti est surnommé « l'avocat aux 100 acquittements ». Combien de pauvres bougres, qui n'avaient pas les moyens d'être assistés du célèbre ténor ou d'un de ses confrères également rompus à toutes les ficelles de la procédure criminelle, purgent aujourd'hui de longues peines alors qu'ils sont innocents ? Je crains que la réponse ne soit effroyable...

La réalité interdit cependant tout manichéisme. J'ai vu de nombreux jeunes et moins jeunes avocats commis d'office, ou plaidant pour des honoraires modiques dans des dossiers difficiles, se défoncer pour leur client et arracher des décisions dont la clémence ou la mesure n'étaient pas acquises au départ. J'ai croisé aussi d'autres défenseurs ayant réussi jadis un beau coup d'éclat et qui vivent depuis sur une réputation largement surfaite. Et d'autres dont l'âge n'a pas atténué la pugnacité.

Combien d'erreurs judiciaires, la pire des injustices, sont commises chaque année ? Il convient d'abord de s'entendre sur le terme, que je cantonnerai pour l'instant au domaine pénal. Car les contentieux civils engendrent de nombreuses injustices suite à des erreurs de droit ou de fait, avec également des conséquences dramatiques. J'y reviendrai.

Pour s'en tenir à la seule matière des crimes et délits, une erreur judiciaire n'est reconnue en droit que lorsqu'une affaire fait l'objet d'une révision ordonnée par la Cour de cassation, soit en raison de la condamnation incompatible de deux accusés ou prévenus pour les mêmes faits, soit de la condamnation pour faux témoignage d'un des témoins entendus lors d'un premier procès (la loi précisant qu'il ne pourra pas être entendu dans les nouveaux débats !), soit par la découverte d'un fait nouveau. Et à la condition évidente que le nouveau procès se termine par un acquittement ou une relaxe. Si le condamné est décédé et que la cour de révision annule la décision, elle « décharge la mémoire des morts ». À ce jour, seulement huit demandes auraient été accueillies favorablement, dont deux dans les derniers mois de 2012 : Loïc Sécher et Marc Machin. Je reviendrai sur le cas de Loïc Sécher dans le chapitre suivant. Je rappelle que Marc Machin a été acquitté le 19 décembre 2012 par la cour d'assises de Paris, alors qu'il avait été condamné à 18 ans de réclusion criminelle en 2004 pour le meurtre d'une jeune femme, peine confirmée en appel en 2006. La révision avait été ordonnée en 2010, l'ADN ayant permis de confondre le vrai coupable, condamné en février 2012 à 30 ans de réclusion pour deux meurtres. Je suis tout de même étonné qu'il ait fallu un délibéré de trois heures pour prononcer l'acquittement de Marc Machin en décembre 2012... Magistrats et jurés ont-ils évoqué le parcours chaotique de Marc Machin, de nouveau condamné à 3 ans d'emprisonnement en mai 2010 pour trois agressions sexuelles commises en 2009, alors qu'il avait été remis en liberté en octobre 2008 ? C'est l'hypothèse la plus vraisemblable, le président s'employant à répondre à la curiosité et à la perplexité des jurés. Je m'interroge cependant : sans l'ADN, les aveux du vrai coupable auraient-ils suffi à faire acquitter Machin ?

À l'inverse, parmi les cas les plus médiatisés de rejet, pour Guillaume Seznec et Dany Leprince, la cause est entendue : la Cour de cassation ayant rejeté les demandes de révision, la condamnation des deux hommes est définitive, sauf très improbable « rebondissement ». Impossible de parler à leur sujet d'erreurs judiciaires.

Patrick Dils a été victime lui aussi d'une erreur judiciaire juridiquement constatée. Le 27 janvier 1989, la cour d'assises des mineurs l'avait condamné à la réclusion criminelle à perpétuité pour le double meurtre de deux jeunes garçons, commis le 28 septembre 1986 à Montigny-lès-Metz, en Moselle. Le 30 novembre 2000, la chambre criminelle de la Cour de cassation, statuant comme cour de révision, annulait la condamnation et renvoyait l'affaire devant la cour d'assises de la Marne. Par arrêt du 29 juin 2001, celle-ci déclarait coupable Patrick Dils et le condamnait à 25 ans de réclusion criminelle. Statuant en appel, la cour d'assises du Rhône l'acquittait par arrêt du 24 avril 2002.

En d'autres termes, à deux reprises, les magistrats et jurés ont eu l'*intime conviction* que Dils était coupable avant que ses derniers juges n'aient l'*intime conviction* contraire. La vie, la liberté, la dignité et l'honneur d'un homme se joueront toujours sur quelques voix de jurés populaires...

Ces différents verdicts permettent de mesurer la relativité de la *vérité judiciaire* : coupable avant-hier et hier, innocent aujourd'hui...

Mais, dans l'affaire de Montigny-lès-Metz, l'injustice la plus monstrueuse n'est-elle pas celle subie par les familles des deux jeunes victimes, qui ont longtemps pensé que justice avait été rendue et qu'un nouveau rebondissement a replongées onze ans plus tard dans les affres du passé ? Le 21 mars 2013, la chambre de l'instruction de la cour d'appel de Metz a en effet renvoyé Francis Heaulme, entendu comme témoin dans le procès de 2001, devant la cour d'assises de la Moselle. Son procès s'est ouvert le 31 mars 2014, avant d'être renvoyé *sine die* le lendemain, suite à un énième rebondissement ! Ce 1er avril abominable pour les familles des victimes, une femme a raconté à la barre que l'employé d'une supérette, Henri L., venu livrer de l'épicerie à son domicile quelques jours après le double meurtre, lui avait confié avoir corrigé violemment deux enfants près d'une benne à ordures, tout en niant les avoir tués. Le mari de cette femme (avocat de profession !) l'avait dissuadée de se manifester auprès de la justice au motif qu'Henri L. avait déjà dû être entendu par les enquêteurs. Ce qui n'était pas faux, puisque le personnage avait été suspecté au début de l'enquête en raison d'éléments troublants mais finalement blanchi à cause de multiples invraisemblances dans son récit. Rongée par le remords, cette femme a appelé le président de la cour d'assises quelques jours avant l'ouverture du quatrième procès. Confronté à son accusatrice le 1er avril 2014, Henri L. a déclaré : « C'est vrai que je lui ai dit ça. Mais ce que j'ai dit, c'était faux. » Un témoignage jugé pourtant suffisamment crédible pour que le parquet ouvre dès le 2 avril une information contre Henri L., pour le double meurtre.

Quand donc s'arrêtera le cauchemar pour les familles des deux petites victimes ? Dans cette affaire, le meurtrier, quel qu'il soit, n'est pas un individu d'une intelligence exceptionnelle. Et pourtant cet homme réussit depuis 1986 à mettre la justice en échec...

Pour revenir à l'erreur judiciaire, il ne faut pas se voiler la face: leur nombre est infiniment supérieur à celui des affaires ayant fait l'objet d'une révision ou d'un réexamen suivis d'un acquittement ou d'une relaxe. Une indication est fournie par les statistiques du ministère de la Justice. En 2011, 447 personnes ont été indemnisées par les premiers présidents des cours d'appel pour des détentions injustifiées. Ce chiffre pour une seule année constitue donc le «minimum syndical» des erreurs judiciaires reconnues par l'institution. Il ne faut cependant pas se leurrer. Qu'elles soient en liberté ou croupissent encore en prison, combien de personnes savent qu'elles ont été condamnées à tort? Clamer leur innocence ne sert plus à rien. La société, en dehors parfois de comités de soutien plus ou moins actifs, ignore leurs cris de détresse. Non sans raison dans quelques cas, car des manipulateurs gangrènent leur nombre. Impossible donc de savoir combien d'innocents ont été condamnés à tort.

Une autre catégorie de personnes qui ont fait l'objet de poursuites infondées ne doit pas rester dans l'ombre: tous les malheureux qui sont poursuivis pour des délits quelconques sans être pour autant placés en détention.

Il faut imaginer les affres vécues dans l'attente du procès par un prévenu qui se voit remettre par un OPJ (officier de police judiciaire) à l'issue de sa garde à vue sur instruction du parquet une convocation devant le tribunal correctionnel et qui se sait innocent des faits reprochés : la peur d'être déclaré coupable, d'aller en prison, de perdre son emploi, etc. J'ai jadis été marqué par le « coup de vieux » pris en quelques semaines par un ami de mes parents, un commerçant poursuivi pour avoir frappé un salarié dont il comptait se séparer. Il nous avait raconté que l'autre s'était violemment jeté sur lui et qu'il l'avait repoussé un peu brutalement, provoquant sa chute. Mais son agresseur avait couru aussitôt chez son médecin pour obtenir un certificat médical de complaisance. La relaxe intervenue quelques mois plus tard n'avait pas réparé les dégâts chez ce brave homme, qui n'avait jamais repris les kilos allant de pair avec sa jovialité d'avant cette histoire.

Sans parler des conséquences familiales ou sociales, des poursuites judiciaires se terminant par un non-lieu ou une relaxe laissent souvent en effet des traces profondes.

Parmi les témoignages de ceux qui ont connu l'épreuve, je veux citer celui d'Alain Afflelou. Le célèbre lunetier a été mis en examen en 1993 pour banqueroute, escroquerie et abus de biens sociaux à l'occasion de la faillite d'une entreprise dont il était actionnaire, avant de bénéficier d'un non-lieu en 1996. Un chef d'entreprise aguerri, habitué à encaisser les coups bas et à y répliquer, sachant déjouer les pièges des requins de la finance. Et pourtant, lors d'une interview au magazine *L'Express* (n° 2420 du 20 au 26 novembre 1997), il confiait: «Je ne souhaite plus aucune responsabilité juridique. Plus jamais je ne veux comparaître devant un juge! J'ai trop imaginé les conséquences pour mes enfants... Avant de prendre une décision, je me mets dans la peau d'un juge qui pourrait l'interpréter comme un abus...» L'homme a su rebondir. Mais on imagine les dégâts et les séquelles sur une personne au cuir moins épais...

Une erreur très souvent commise par des innocents pris dans les rets de la justice est d'accorder toute leur confiance aux juges pour les blanchir rapidement des accusations apparues à l'issue d'une enquête. C'est ignorer hélas le poids des charges et leur importance déterminante dans les décisions des magistrats.

Je voudrais ici citer deux témoignages qui me touchent de près. J'ai raconté dans un précédent livre comment j'avais été amené à inculper au début des années 1980 un SDF soupçonné d'avoir commis un cambriolage dans une station-service. Comme il niait les faits, j'avais organisé cinq jours plus tard une confrontation avec trois personnes ayant aperçu un rôdeur peu de temps avant les faits. Pour m'assurer de la présence de l'inculpé à cette confrontation, je l'avais placé en détention provisoire (les JLD n'existaient pas encore). Dans mon cabinet, quelques jours plus tard, les témoins avaient affirmé sans le moindre doute que mon homme n'était pas celui qu'ils avaient aperçu. Suite logique: remise en liberté immédiate et non-lieu dans la foulée. Une vingtaine d'années plus tard, à l'occasion d'un salon du livre au Mans auquel je participais, un auteur que j'avais aperçu quelques tables plus loin derrière une rangée de livres m'aborda à l'heure de la fermeture : « Nous nous connaissons, monsieur le juge. Vous m'avez mis en prison quand vous étiez juge d'instruction dans les Vosges. » Et de me rappeler l'histoire. Nous avions alors sympathisé, nous voyant à diverses reprises, car il était désormais domicilié à Sablé-sur-Sarthe. Bernard Pouchèle, car c'est de lui qu'il s'agit, physique de bourlingueur avec casquette vissée sur le crâne et barbe blanche fournie, auteur d'une trentaine de livres, dont *L'Étoile et le Vagabond,* me confia qu'il ne m'en voulait pas, que je n'avais fait que mon travail, mais qu'en revanche il ne pardonnait pas aux enquêteurs de ne pas avoir sur-le-champ vérifié son alibi, ce qui l'aurait blanchi. Question : quelle aurait été la suite de la procédure si les témoins, sans être formels, avaient été plutôt affirmatifs alors que l'alibi ne tenait qu'à moitié ? Je doute que la présomption d'innocence, qui s'apparente plutôt à une présomption de culpabilité, aurait joué en sa faveur. Bernard Pouchèle est décédé en mars 2013 à l'âge de 81 ans.

J'évoquerai encore plus brièvement la seconde histoire car, par une étrange ironie, je lui dois d'avoir rencontré celle qui deviendra mon épouse. J'avais inculpé sur la base d'un rapport des services vétérinaires un éleveur de veaux soupçonné d'avoir nourri ses bêtes aux hormones. Assisté d'un avocat de bonne réputation régionale, il nia énergiquement les faits devant moi, évoquant une probable erreur dans les analyses. Pas question bien sûr de le placer en détention, ni même sous contrôle judiciaire. J'interrogeai alors par écrit les services vétérinaires, qui me répondirent qu'ils avaient commis effectivement une erreur dans l'expertise des prélèvements. Non-lieu. Les hasards de la vie ont fait que l'homme est ensuite devenu un ami et m'a confié qu'il avait perdu le sommeil pendant quelques semaines. Quel sort lui aurais-je réservé si les services vétérinaires avaient nié toute erreur dans leurs services ? Je connais la réponse : je l'aurais renvoyé sans état d'âme devant le tribunal correctionnel.

Je referme cette parenthèse anecdotique.

Je précise qu'aucun des accusés dans les affaires criminelles que j'ai instruites n'a été acquitté. À ma connaissance, aucun des inculpés que j'avais placés en détention provisoire dans des dossiers correctionnels n'a été davantage relaxé. Est-ce à dire que je ne me suis jamais trompé, l'appareil judiciaire m'ayant « emboîté le pas » pour condamner un innocent ? Personne, en dehors des intéressés, ne peut répondre à cette question. J'ai certes connu, comme tous mes collègues, des affaires dans lesquelles des gens placés en détention provisoire ont bénéficié d'un non-lieu que j'ai rendu ou qui a été décidé par la chambre d'accusation (ancêtre de la chambre de l'instruction). Mais dans ces affaires, à l'image de celle de Bernard Pouchèle, les charges qui existaient au départ avaient totalement disparu ou avaient été jugées insuffisantes. Mais un non-lieu n'est jamais une décision définitive. J'en veux pour preuve le cas de Maurice Agnelet.

Cet ancien avocat a été inculpé et écroué en 1983 pour l'assassinat de sa maîtresse, Agnès Le Roux. Il a bénéficié d'un non-lieu en 1985. Suite à un rebondissement (les rétractations d'une maîtresse lui ayant servi d'alibi), il a été renvoyé devant la cour d'assises. Acquitté en 2006, il a été condamné à 20 ans de réclusion criminelle en 2007, le parquet général ayant fait appel de la première décision. Rejet de son pourvoi en cassation. Mais la Cour européenne des droits de l'homme ayant jugé le 10 janvier 2013 qu'il n'avait pas eu droit à un procès équitable, la commission de réexamen de la Cour de cassation l'a remis en liberté sous contrôle judiciaire le 1er février 2013, dans l'attente d'un nouveau procès. Celui-ci s'est déroulé devant la cour d'assises d'Ile-et-Vilaine en mars et avril 2014. Le verdict est tombé le 11 avril au soir : coupable, 20 ans de réclusion criminelle. Maurice Agnelet a formé aussitôt un pourvoi en cassation.

Dans cette affaire, pas plus que celle de Montigny-lès-Metz, il n'a jamais été question à ma connaissance de quelconques « dysfonctionnements » de l'institution judiciaire. Non-lieu, acquittement, condamnation, réexamen du dossier, nouvelle condamnation : cette valse-hésitation dans un dossier emblématique fait froid dans le dos. Et impossible, hélas, d'en tirer de quelconques leçons. Le « doute raisonnable » a conduit les premiers jurés à acquitter. D'autres ont eu « l'intime conviction » qu'Agnelet était coupable... Où est la vérité ? Est-elle conforme à la « vérité judiciaire » prononcée le 11 avril 2014 ?

La métaphore est facile et ressemble à un cliché : chaque erreur judiciaire, entendue ici au sens le plus large du terme (quand une personne a été inquiétée à tort dans une procédure criminelle ou correctionnelle), ressemble à une toile d'araignée qui se tisse autour d'un individu que tout semble accabler. Il a beau se débattre, clamer son innocence, de multiples intervenants de l'appareil judiciaire vont en toute bonne foi paralyser ses gesticulations. Enquêteurs, juge d'instruction, juge des libertés et de la détention, procureur de la République, « hauts magistrats » de la cour d'appel parfois, aucun des acteurs de la procédure n'accepte de lever le piège fatal. Jamais, hélas, par un aveuglement coupable, mais par des réponses à leurs interrogations qui servent l'accusation. La certitude de tenir le coupable…

Au stade de l'instruction, la loi du 15 juin 2000 a prévu que, désormais, le juge d'instruction ne peut mettre en examen que les personnes à l'encontre desquelles il existe des indices graves et concordants rendant vraisemblable qu'elles aient pu participer, comme auteur ou comme complice, à la commission des infractions.

La même loi a créé une nouvelle catégorie de justiciables, celle de témoin assisté, concernant « toute personne nommément visée par une plainte ou mise en cause par la victime, ou contre laquelle il existe des indices rendant vraisemblable qu'elle ait pu participer, comme auteur ou complice, à la commission des infractions ».

La nuance entre les deux procédures n'est pas aisée à saisir, je le concède...

Le choix relève en théorie du pouvoir d'appréciation du magistrat au vu des éléments du dossier, étant encore observé qu'un témoin assisté ne peut notamment pas être placé en détention provisoire, ni même sous contrôle judiciaire. Comment ne pas évoquer ici la mise en examen de Nicolas Sarkozy le 21 mars 2013 pour abus de faiblesse sur la personne de Mme Liliane Bettencourt ? J'observe que le « curseur judiciaire » s'est déplacé au fil de l'instruction puisque l'ancien président a d'abord bénéficié dans cette affaire de la qualité de témoin assisté, avant qu'un non-lieu rendu le 7 octobre 2013 balaie toutes les charges et, surtout, lui épargne un procès au cours duquel auraient été déballées pour la énième fois les circonstances de la désignation d'un des experts psychiatres. Des circonstances qu'il valait peut-être mieux oublier, dans l'intérêt de la justice...

Cette loi du 15 juin 2000, d'une rare perfection sur le papier pour la protection des libertés individuelles, est entrée en vigueur le 1er janvier 2001. Quelques semaines plus tard débutait l'affaire d'Outreau, dans laquelle sont intervenus une cinquantaine de magistrats. Aucun n'a jugé « invraisemblable » la participation aux faits dénoncés des futurs acquittés...

On doit encore à la loi du 15 juin 2000 la création du « juge des libertés et de la détention », familièrement appelé JLD.

La fonction mérite pleinement son nom. Et pourtant, pendant dix ans, j'ai été plus juge de la détention que juge des libertés.

Comme chacun de mes collègues vice-présidents, j'ai exercé les fonctions de JLD à raison de quatre ou cinq week-ends par an pour permettre ainsi aux deux titulaires du poste de jouir d'un repos bien mérité.

Dans ce cadre, j'étais régulièrement saisi par le parquet, soit pour placer une personne en détention provisoire jusqu'à sa comparution devant le tribunal correctionnel un, deux ou trois jours plus tard suivant la procédure de la comparution immédiate, soit pour la placer sous contrôle judiciaire dans l'attente de son jugement quelques semaines ou mois plus tard. L'occasion de voir défiler devant moi toute la misère du monde. Des individus violents, des maris ou compagnons qu'une rupture amoureuse a rendus fous de rage, l'alcool exacerbant souvent les passions, des petits trafiquants de stups, bref toute une faune de personnages fragiles, mal structurés, des malades mentaux dont les hôpitaux ne veulent pas faute de moyens, des gens en grande détresse sociale.

Une fois pourtant, j'ai vu un garçon qui n'entrait pas dans l'un de ces tristes schémas. Ce jeune homme d'à peine 19 ans avait suivi deux copains venus du « 9-3 » pour agresser en ville d'autres jeunes et leur piquer leurs portables et autres iPad. Vivant chez sa mère, préparant un CAP d'électricien, sans casier judiciaire, rien n'expliquait sa virée délictuelle. Ce samedi-là, tard en soirée, le parquet m'avait saisi pour que je le place en détention jusqu'à l'audience de comparution immédiate, le lundi suivant. Son avocate, désignée d'office, avait insisté sur le fait que la liberté était la règle et la détention l'exception. Me ralliant volontiers à ses arguments, j'avais annoncé à son client que je le laissais en liberté, après lui avoir passé un savon sur la stupidité de ses actes et l'avoir mis en garde sur la vie qui l'attendait s'il persistait dans la délinquance. J'étais rentré chez moi tout content d'annoncer à mon épouse que j'avais probablement contribué à remettre un jeune dans le droit chemin. Hélas, j'appris par la presse le mardi suivant que le garçon s'était pointé à l'audience avec une vingtaine de « jeunes du quartier » qui y avaient mis le souk, que lui-même s'était montré d'une rare arrogance avec le tribunal, se moquant même ouvertement de son avocate. Résultat : le tribunal l'avait condamné à un an ferme, alors que le parquet avait requis un an avec sursis. Ce petit sot, en provoquant une réaction épidermique des juges, n'a-t-il pas été finalement victime d'une injustice ? Un an ferme, la sanction me paraît extrêmement sévère pour un garçon sans casier judiciaire. Mais, dans le même temps, ne l'a t-il pas méritée ?

Cette affaire montre en tout cas que magistrats et avocats ont parfois bien du mérite à ne pas désespérer de l'homme...

À côté de cette saisine par le parquet, j'étais régulièrement saisi par le juge d'instruction de permanence pour placer en détention provisoire une personne à l'issue de sa mise en examen. Je précise que le juge d'instruction doit soigneusement motiver son ordonnance, après avoir été lui-même saisi par une requête du parquet également motivée.

Je peux témoigner que j'ai toujours suivi les demandes du juge d'instruction. Comment en effet aller à l'encontre de l'analyse des charges par le magistrat qui continuera d'instruire le dossier? Laisser une personne en liberté contre l'avis du juge d'instruction, qui partage lui-même le regard du parquetier, risquerait en effet de compromettre son travail à venir. N'importe quel avocat s'engouffrerait alors dans la brèche pour dire ensuite devant le tribunal correctionnel ou la cour d'assises: «Le JLD n'a pas envoyé mon client en prison car il a estimé que les charges étaient insuffisantes.»

Une seule fois j'ai hésité, dans une affaire où un mari était mis en examen pour viol sur sa compagne. Il niait les faits avec énergie, justifiant la plainte par je ne sais plus quel désir de vengeance. La femme avait dans le passé accusé de façon mensongère un autre amant de délits alors sans connotation sexuelle. Cette fois, divers indices penchaient en faveur de la réalité des faits. Laisser cet homme en liberté ouvrait une brèche vers l'acquittement. Par ailleurs, le placer en détention ne présageait nullement du futur verdict. Sans certitude absolue, j'avais donc signé un mandat de dépôt. Quelques mois plus tard, la cour d'assises le déclarait coupable. N'a-t-elle pas condamné un innocent? Les viols conjugaux sont en effet particulièrement difficiles à établir. J'ai le souvenir d'une autre affaire dans laquelle un mari, qui avait nié pendant toute l'instruction, a reconnu devant la cour d'assises: «Je l'ai *un peu forcée.*» Sans cet aveu, l'acquittement n'était pas exclu...

Après avoir été ainsi JLD de permanence une quarantaine de week-ends sur une décennie, j'ai exercé la fonction à temps complet (ou plus précisément une semaine sur deux, en alternance avec une collègue) du 1er septembre 2013 au 31 août 2014. Si cette dernière année de ma vie professionnelle a confirmé pour l'essentiel mes précédentes observations, j'ai découvert par ailleurs toute la richesse, la complexité, l'ambiguïté dans la variété des missions confiées au JLD, mais aussi les risques qu'elles font courir.

J'évoquerai rapidement le rôle du JLD dans le domaine des soins psychiatriques sans consentement prévus par la loi du 5 juillet 2011, revue et corrigée par une nouvelle loi du 27 septembre 2013. De manière extrêmement schématique, sont concernées les personnes qui présentent des troubles mentaux nécessitant des soins et qui compromettent la sûreté des tiers ou d'elles-mêmes, ou qui portent gravement atteinte à l'ordre public. Le JLD doit statuer dans un délai de douze jours depuis le 1er septembre 2014 (il était de quinze jusqu'à cette date), sur la régularité de la mesure d'hospitalisation et son bien-fondé. Une fois que le JLD a constaté que les certificats médicaux exigés par les textes figurent au dossier ou que la notion de péril imminent est suffisamment caractérisée, comment peut-il aller à l'encontre de l'avis de différents psychiatres sur la nécessité d'une hospitalisation complète sans le consentement de l'intéressé ? À chacun son domaine de compétence...

Une fois, j'ai estimé pourtant que la mainlevée pouvait être ordonnée dans une affaire où un homme, soigné pour une grave dépression depuis quatre ans, avait « pété un plomb » suite à une rupture amoureuse et sorti un couteau devant sa dulcinée soi-disant pour aller cueillir des champignons. Geste que l'ex-compagne avait interprété différemment. Devant moi, cet homme avait reconnu que l'hospitalisation était justifiée la première semaine mais qu'elle n'était plus nécessaire, s'engageant à suivre son nouveau traitement en ambulatoire. J'avais au dossier un courrier de sa mère, domiciliée très loin du Mans, s'engageant à héberger son fils. J'ordonnai donc la mainlevée de la mesure, demande appuyée juridiquement par son avocat, à l'issu d'un délai de vingt-quatre heures pour permettre la mise au point d'un programme de soins. Fureur du psychiatre, refusant de « libérer » son patient. Il fallut l'intervention de l'avocat du patient et du directeur de l'hôpital pour que le médecin se plie à ma décision. J'appris quelques jours plus tard que le psychiatre testait un programme de soins et qu'il s'apprêtait à lever la mesure si le traitement se révélait efficace. En résumé, je l'avais court-circuité, dans l'ignorance que j'étais de la thérapie en cours d'élaboration. Avec cette affaire, j'ai découvert la prise de risques qu'accepte un JLD lorsqu'il rend une décision allant à l'encontre de l'avis d'autres professionnels, médecins ou magistrats. Quelle responsabilité morale aurait en effet été la mienne si ce garçon était allé trucider l'objet de sa flamme, en dépit de sa promesse de quitter la région ? Je reviendrai bientôt sur cette notion de prise de risques. J'ajoute pour conclure sur ce chapitre que le législateur a entendu par la loi du 27 septembre 2013 étendre à l'extrême la protection des personnes hospitalisées sans leur consentement, en compliquant singulièrement la tâche des magistrats. Obligation de les entendre à l'hôpital, avec interdiction parallèle de la visioconférence, assistance obligatoire d'un avocat, délai pour statuer passant de quinze à douze jours, etc. Toutes ces mesures seraient louables si les juges n'étaient pas déjà débordés et que ces nouvelles contraintes n'alourdissaient pas encore leur travail. Pour la énième fois, le constat s'impose que le législateur se fiche éperdument de la réalité judiciaire.

J'en viens maintenant au rôle du JLD dans le domaine pénal. Il doit notamment statuer sur le placement en détention provisoire, lorsqu'il est saisi par le juge d'instruction au terme d'une ordonnance soigneusement motivée. Mais il lui appartient également de statuer sur les demandes de mise en liberté présentées par une personne placée en détention provisoire et sur les demandes de prolongation de détention formées par le juge d'instruction. La détention provisoire est désormais enfermée dans des durées tellement courtes que la réalité des enquêtes amène souvent le juge d'instruction à en solliciter la prolongation, elle-même enfermée dans des délais rigoureux.

C'est dans ces deux cas de figure que la fonction de JLD révèle toute son ambiguïté et ses difficultés, et pose régulièrement au juge de vrais cas de conscience. Jusqu'où peut-il aller dans la prise de risques qu'accompagne nécessairement une remise en liberté fût-elle accompagnée d'une assignation à résidence sous surveillance électronique ?

Depuis la loi du 5 mars 2007, la détention provisoire doit répondre à au moins un des critères prévus par l'article 144 du Code de procédure pénale : conserver les preuves ou les indices matériels ; empêcher une pression sur les témoins, les victimes ou leur famille ; empêcher une concertation frauduleuse avec les complices ou coauteurs ; protéger la personne mise en examen ; garantir son maintien à la disposition de la justice ; mettre fin à l'infraction ou prévenir son renouvellement ; mettre fin au trouble exceptionnel et persistant à l'ordre public provoqué par la gravité de l'infraction. J'ajoute que dans son ordonnance le JLD ne peut pas se contenter de viser simplement l'un de ces critères mais doit au contraire soigneusement motiver sa décision selon le cas d'espèce. Par exemple dire pourquoi des pressions sur les témoins sont à redouter, etc. Quand la motivation ne coule pas d'évidence sous la plume, le JLD doit en tirer les conséquences. Quitte à donner de fausses joies à l'intéressé...

J'ai ainsi le souvenir d'avoir remis en liberté, contre l'avis du parquet et du juge d'instruction, un homme « accusé » d'attouchements sur des garçons de 17 ans, lesquels n'étaient pas restés inactifs et avaient tiré un profit pécuniaire du quadragénaire, un peu « l'idiot du village ». L'instruction était pratiquement terminée, les confrontations et les expertises avaient été réalisées. Seul manquait le retour d'une commission rogatoire sans grande incidence sur le fond du dossier. J'avais estimé que la détention ne se justifiait plus, un contrôle judiciaire rigoureux me paraissant suffisant. Appel du parquet. La chambre de l'instruction avait infirmé mon ordonnance aux motifs qu'il résultait de l'expertise psychiatrique que l'homme n'avait pas pris conscience de la gravité de ses actes et que leur renouvellement n'était pas à exclure... J'avais pour ma part estimé qu'aucun risque n'existait. À tort, selon mes collègues...

Comment, au terme de ce rapide exposé, ne pas s'interroger sur l'intérêt des fonctions de JLD en tant que garant des libertés individuelles ? Un magistrat qui apparaît constamment « tenu en laisse » par le parquet et le juge d'instruction, et dont l'intervention ne met jamais à l'abri d'une erreur judiciaire. Quel meilleur regard, dans le domaine pénal, que celui du juge d'instruction pour savoir s'il convient de placer ou de maintenir en détention provisoire la personne mise en examen ? J'observe que, même si le JLD a des doutes à la lecture de la procédure sur la culpabilité d'un mis en examen, il sait que le juge d'instruction procédera à des interrogatoires, auditions, confrontations et diverses investigations qui confirmeront en général les premiers éléments de l'enquête. Quitte à ce que le juge d'instruction tire les conséquences si les charges s'évanouissent en remettant d'office en liberté l'innocent soupçonné à tort.

J'indique cependant qu'il nous est arrivé, ma collègue et moi, de remettre en liberté des mis en examen en estimant que la détention ne se justifiait plus au regard des nécessités du dossier, ou qu'ils n'avaient pas à faire les frais d'une gestion d'un cabinet rendue compliquée suite au congé-maternité d'une collègue juge d'instruction, décisions qui n'ont pas été frappées d'appel.

Je précise également qu'il m'est arrivé de placer sous contrôle judiciaire des personnes mises en examen dont le parquet et le collègue juge d'instruction avaient demandé le placement en détention provisoire. Je pense à un PDG d'une grosse entreprise employant 1500 salariés, mis en examen pour des escroqueries. L'enquête de gendarmerie, extrêmement complète, avait duré des mois. Les enquêteurs avaient entendu des dizaines d'employés, épluché les documents comptables. J'avais estimé que la détention n'obéissait à aucun des critères exigés, le patron ayant notamment eu le temps de faire le ménage, et éventuellement dicté leurs déclarations à ses collaborateurs immédiats, dont certains venaient d'être également mis en examen. Le parquet fit appel de ma décision. Mais la chambre de l'instruction la confirma.

Dans le domaine des soins psychiatriques sans consentement, la mainlevée de mesures souhaitées par des psychiatres reste exceptionnelle. Sur 928 mesures vérifiées par ma collègue et moi au cours des dix premiers mois de 2013, nous avons ordonné la mainlevée dans une douzaine de dossiers. Notre pays n'a rien d'un de ces États totalitaires dans lesquels on interne arbitrairement les opposants au régime…

Mais, précisément, l'intervention du JLD permet au pénal comme au civil d'apporter à différents stades de la procédure un regard neuf sur un dossier et surtout de vérifier la nécessité, voire la légalité, de la privation de liberté. Il m'est arrivé de refuser des prolongations de détention parce que celles-ci n'étaient juridiquement pas possibles. Aucun magistrat n'est en effet à l'abri d'une erreur de droit, en raison de l'extrême complexité des textes, qui s'empilent comme dans un mille-feuilles, sans jamais, en la matière, un quelconque « choc de simplification ».

Un seul exemple. Pour rester sur le cas du JLD, pas moins de quatre lois (9 septembre 2002, 9 mars 2004, 5 mars 2007, 12 mai 2009) ont modifié le texte initial ! Un ravaudage déplorable qui complique singulièrement le travail des juges et les conduit parfois à prononcer des « peines illégales » ! Le Casier judiciaire national a ainsi relevé 42 « difficultés juridiques » sur le ressort de la cour d'appel d'Angers en 2013, dont 6 étaient imputables aux magistrats de la cour ! Lesquels, par exemple, ont prononcé une peine d'emprisonnement dans une affaire d'outrage à agent chargé d'une mission de service public, alors que le texte ne prévoit pas cette privation de liberté. En matière d'erreur, on peut difficilement faire mieux...

Il faut donc maintenir le JLD, voire renforcer son statut, sans attendre de lui une intervention providentielle qui renverra au passé les erreurs judiciaires. Au moins permet-il d'éviter parfois des détentions trop longues.

Une « peine illégale » prononcée par la cour d'appel confirme à la marge qu'on ne peut donc pas compter sur trois magistrats pour écarter tout risque d'injustice.

J'ai trop longtemps siégé au tribunal correctionnel pour ne pas en être profondément convaincu. La loi du 10 août 2011, applicable curieusement « à titre expérimental» dans les cours d'appel de Toulouse et de Dijon à compter du 1er janvier 2012, avait prévu notamment d'associer les citoyens aux jugements des délits les plus graves concernant les atteintes à la personne. Les magistrats n'étaient pas très favorables à une réforme votée au pas de charge suite à l'émotion provoquée dans le pays par un fait divers (le meurtre d'une joggeuse par un individu déjà condamné pour viol), censée mettre un terme au laxisme supposé des juges. Allongement de la durée des audiences dû à la nécessité à chaque fois pour le président de donner un minimum d'explications sur la procédure et risque pour ces nouveaux assesseurs d'être perdus dans le déroulement du procès étaient, à juste titre, les deux principales critiques avancées. Il existait un troisième argument, de l'ordre de l'inavouable: les professionnels ne tenaient pas forcément à ce que des quidams mettent le nez dans leurs petits secrets.

Le plus souvent, certes, les délibérés se passent dans le respect des règles démocratiques. Les trois juges tombent d'accord sur la culpabilité du prévenu, ou celui qui ne l'est pas s'incline devant l'avis contraire des deux autres, et la peine à infliger est débattue dans une réflexion pertinente. Lorsque le délibéré ne soulève guère de difficultés, il déborde parfois sur des échanges étrangers à toute considération juridique. Un plaisir dont priverait la présence de braves citoyens, remplacé par la nécessité de «recadrer» parfois des assesseurs ne maîtrisant pas toutes les subtilités juridiques ou humaines. Combien de fois ai-je constaté ce genre d'obstacles chez des jurés d'assises, en dépit des heures de formation dont ils ont bénéficié avant l'ouverture de la session ? On imagine le désarroi de profanes balancés sans en avoir les clés dans un monde aux règles ésotériques…

Mais mon expérience me pousse à dire que les délibérés n'obéissent pas toujours à un fonctionnement bien huilé, qu'ils connaissent des dérapages, dégagent alors un étrange goût de brouet et laissent un terrible sentiment d'injustice. Lorsque par exemple la pente de la facilité conduit à des décisions de relaxe, plus aisées à motiver qu'un jugement de condamnation.

Dans certaines affaires, la culpabilité relève d'une appréciation particulièrement délicate des éléments du dossier. Le délit de harcèlement moral illustre parfaitement ce cas de figure. Difficile par exemple de trancher quand une enseignante se plaint du comportement du principal de collège, qui la convoque des heures entières dans son bureau pour l'abreuver de reproches sur son travail, entretien dont elle sort en larmes, qu'il la rabaisse devant les collègues, etc. Arrêts de travail qui se multiplient, signes de dépression suffisent-ils à caractériser le harcèlement, quand d'autres enseignants ou membres du personnel vantent les qualités humaines et professionnelles de leur supérieur hiérarchique et soulignent la fragilité psychologique de la plaignante, laquelle bénéficie du soutien d'autres collègues, victimes eux aussi de réflexions déplaisantes ? Le refus des syndicats de s'engager ne facilite pas la prise de décision. Je pense bien entendu à une affaire précise.

Quand elle était venue devant le tribunal, mes collègues et moi n'étions pas d'accord sur le sort à réserver au prévenu. Je reste convaincu que nous avions affaire à un pervers manipulateur prenant un malin plaisir à détruire une proie fragile, opinion que mes collègues n'étaient pas loin de partager. Nous l'avons cependant relaxé, car une condamnation aurait été beaucoup plus difficile à motiver qu'une relaxe, faute de preuves indiscutables. Or aucun de nous n'avait envie de se confronter à cette rude tâche. Nous étions en période de vacation, et chacun aspirait à un moment de répit, y compris d'ailleurs la représentante du parquet. Elle avait annoncé la couleur dès ses premières paroles: «Dans ce dossier, je n'ai pas de certitudes.» En d'autres termes, elle n'interjetterait pas appel d'un jugement de relaxe. La victime des agissements de l'esprit tordu a dû quitter la salle profondément écœurée...

Dans d'autres dossiers, nous avons encore cédé à la facilité, mais cette fois pour condamner, en général dans des affaires d'agressions sexuelles. J'ai le souvenir d'une présidente de correctionnelle, paix à son âme, d'un tempérament plutôt répressif et particulièrement remontée pour d'obscures raisons contre la gent masculine. Elle se prononçait systématiquement pour la culpabilité, même lorsque les faits laissaient la place au doute. Elle était tellement déterminée que, mise en minorité, elle menaçait ses deux assesseurs: «Je vous préviens, je ne rédigerai pas le jugement. L'un de vous devra s'y coller.» Bien entendu, aucun n'avait envie de se coltiner la rédaction, le travail ne manquant pas par ailleurs... Au moment de fixer la peine, nous entamions souvent une discussion de marchands de tapis. Comme elle tapait toujours dans la fourchette haute, dépassant parfois les réquisitions du parquet, alors qu'une peine modérée aurait convenu à ses assesseurs, nous devions nous livrer à une âpre négociation, pour arriver à un compromis qui ne satisfaisait pas deux membres sur trois du tribunal... Et qu'en pensait le prévenu ?...

J'ai évoqué une affaire de harcèlement moral. Le délit de harcèlement sexuel a laissé récemment beaucoup de victimes sur le carreau, cette fois par la faute du législateur. Jusqu'à la loi du 17 janvier 2002, l'article 222-33 du Code pénal définissait l'infraction comme « le fait de harceler autrui en donnant des ordres, proférant des menaces, imposant des contraintes ou exerçant des pressions graves, dans le but d'obtenir des faveurs de nature sexuelle, par une personne abusant de l'autorité que lui confèrent ses fonctions ». Pourquoi le législateur a-t-il abrogé ce texte, issu de la loi du 17 juin 1998 et ne remontant donc pas à Mathusalem, qui avait le mérite de la précision ? Mystère. Il l'a alors vidé de sa substance en redéfinissant l'infraction de façon minimaliste : « Le fait de harceler autrui dans le but d'obtenir des faveurs de nature sexuelle. » Problème : par une décision du 4 mai 2012, le Conseil constitutionnel, statuant sur une question prioritaire de constitutionnalité, a énoncé que la nouvelle mouture était contraire à la Constitution en lui reprochant de ne pas respecter le principe de la légalité des délits et des peines.

Conséquence immédiate de la décision du Conseil constitutionnel du 4 mai 2012 : des milliers de procédures en cours ont été mises de côté dans l'attente du vote d'une nouvelle loi, qui n'a pas tardé, puisque dès le 6 août 2012 un nouveau texte a été adopté en urgence et promulgué le lendemain: «Le harcèlement sexuel est le fait d'imposer à une personne, de façon répétée, des propos ou comportements à connotation sexuelle qui soit portent atteinte à sa dignité en raison de leur caractère dégradant ou humiliant, soit créent à son encontre une situation intimidante, hostile ou offensante.» Le Parlement en a profité pour assimiler au harcèlement sexuel «le fait, même non répété, d'user de toute forme de pression grave dans le but réel ou apparent d'obtenir un acte de nature sexuelle, que celui-ci soit recherché au profit de l'auteur des faits ou au profit d'un tiers». Le délit est désormais punissable de 2 ans d'emprisonnement et de 30000 euros d'amende, peines qui peuvent être portées à 3 ans et 45000 euros, notamment lorsque la victime est «en situation de précarité économique ou sociale réelle ou sociale apparente ou connue de son auteur». De quoi rassurer des milliers de victimes de ce genre d'agissements. Problème: suivant une enquête du quotidien *Ouest-France* (édition du 27 septembre 2012), sur environ 2000 plaintes déposées entre le 4 mai et le 6 août 2012, à peu près la moitié risquait d'être enterrée, pour des motifs purement juridiques: on ne peut en effet pas porter plainte deux fois pour les mêmes faits et, surtout, le principe de la non-rétroactivité interdit de poursuivre des faits commis avant la promulgation de la loi. Certaines affaires seront jugées car les victimes se plaignaient également de harcèlement moral ou d'agressions sexuelles, mais toute une dimension du dossier aura alors disparu. Parmi les témoignages recueillis par la journaliste, celui d'une femme, dont le harceleur ne sera jamais jugé, est édifiant. Son constat est amer : « Un procès, ça aide à tourner la page. Ça ne répare pas, mais on y entend la condamnation de celui qui nous a brisée. »

Pour Mlle Marie C., la justice a été encore plus cruelle. Cette jeune femme de 21 ans, décrite par ses collègues comme « timide, ayant quelques rondeurs mal assumées », avait subi dès son embauche des réflexions sexistes du directeur commercial de l'entreprise : « C'est quand que tu me montres tes seins ? C'est quand qu'on fait l'amour ? Je couche avec toutes mes secrétaires. » Elle avait porté plainte, nous avions condamné en correctionnelle le triste individu à une peine de 60 jours-amendes de 10 euros. Le parquet a fait appel de ce jugement du 3 mai 2012. Résultat : la cour d'appel d'Angers n'a pu que le relaxer par arrêt du 20 décembre 2012 aux motifs laconiques suivants :

« Les poursuites sont fondées sur l'article 222-33 du Code pénal lequel, par décision du Conseil constitutionnel du 4 mai 2012, a été déclaré contraire à la Constitution.

L'abrogation du texte en découlant étant effective dès la publication de la décision et applicable à toutes les affaires non jugées définitivement à cette date (le 4 mai 2012), M. Y. doit purement et simplement être renvoyé des fins de la poursuite. »

Un beau gâchis dont sont seuls responsables les parlementaires qui ont détricoté en janvier 2002 un texte qui était plutôt bien ficelé. Certes le flou de la nouvelle version réduite à la portion congrue n'a pas empêché les tribunaux de condamner des harceleurs. Mais il a suffi que des avocats soulèvent l'inconstitutionnalité du texte, et on ne peut pas leur reprocher d'user de toutes les armes mises à leur disposition par le législateur lui-même pour défendre leurs clients, pour que le Conseil constitutionnel s'incline quelque dix années plus tard.

On ne saurait reprocher aux juges de ne pas appliquer la loi quand les parlementaires ont provoqué un abominable vide juridique. Les collègues du parquet, qui représentent les intérêts de la société, ont dû souffrir de leur constat d'impuissance pendant un bon trimestre face à la douleur des victimes...

Cette dramatique illustration de l'insécurité juridique n'a, hélas, pas servi de leçon à nos parlementaires. Ils ont récidivé tout récemment avec la loi du 5 juillet 2013.

Pour faire simple, l'article 5 de cette loi a créé l'article 222-29-1 du Code pénal faisant passer de 7 à 10 ans les peines encourues par les auteurs d'agressions sexuelles sur des mineurs de 15 ans. Cependant, suite à « une absence de coordination entre le gouvernement et le Sénat, qui résulte d'une erreur purement matérielle » (*dixit* la Chancellerie dans un courrier du 17 janvier 2014 adressé à l'USM, Union syndicale des magistrats, Chancellerie qui reconnaît par ailleurs que cet article 5 pose une « question légistique »), la prescription des faits risque d'intervenir désormais dix ans après la majorité des victimes, alors qu'elle était de vingt ans auparavant.

Moralité : les magistrats ne pourront que constater l'extinction de l'action publique pour des faits anciens portés à la connaissance de la justice après la publication de la loi. Tout cela parce que le Sénat a souhaité distinguer les agressions sexuelles commises sur des mineurs de 15 ans de celles commises sur des personnes vulnérables. Comme si les deux catégories de victimes n'étaient pas étroitement liées... Aux magistrats de se dépatouiller, et d'affronter la colère de victimes écœurées.

Les exigences des parlementaires à l'égard des magistrats sont légitimes, dans un climat de défiance qui règne depuis quelques années entre les pouvoirs exécutif et législatif et l'autorité judiciaire, les médias servant de chambre d'écho à tous les dysfonctionnements de l'institution. Mais les réformes adoptées semblent parfois inspirées par le roi Ubu.

« Avez-vous une intime conviction ? » : sur cette question se conclut l'un des plus beaux articles du Code de procédure pénale, dont la rédaction remonte à Napoléon, l'article 353, que je me dois de reproduire intégralement.

« Avant que la cour d'assises se retire, le président donne lecture de l'instruction suivante, qui est, en outre, affichée en gros caractères, dans le lieu le plus apparent de la chambre des délibérations :

La loi ne demande pas compte aux juges des moyens par lesquels ils se sont convaincus, elle ne leur prescrit pas de règles desquelles ils doivent faire particulièrement dépendre la plénitude et la suffisance d'une preuve ; elle leur prescrit de s'interroger eux-mêmes, dans le silence et le recueillement et de chercher, dans la sincérité de leur conscience, quelle impression ont faite, sur leur raison, les preuves rapportées contre l'accusé, et les moyens de sa défense. La loi ne leur fait que cette seule question, qui renferme toute la mesure de leurs devoirs: "Avez-vous une intime conviction?" »

Nous sommes au cœur de l'œuvre de justice, de sa noblesse et de ses servitudes. Seulement voilà, pendant plus de deux siècles, un terrible paradoxe existait: alors que, par ailleurs, toutes les décisions doivent en théorie être motivées, même celles condamnant les prévenus à des peines bénignes pour des infractions ne faisant pas d'eux de dangereux délinquants, les condamnations à de longues années de réclusion criminelle échappaient à cet impératif. Une incongruité à laquelle une loi du 10 août 2011, applicable depuis le 1er janvier 2012, a mis fin, en introduisant un préambule à cet article 353: «*Sous réserve de l'exigence de motivation de la décision*, la loi ne demande pas compte... » En d'autres termes: l'intime conviction doit être désormais motivée! Si j'en crois mon dictionnaire, l'expression « sous réserve de » signifie en l'occurrence: « en mettant à part ». Comment peut-on dans ces conditions demander aux magistrats et jurés d'une part *de chercher l'impression faite sur leur raison par les preuves rapportées contre l'accusé et les moyens de sa défense*, et d'autre part de traduire en longs attendus cette impression?

Il est vrai que la Chancellerie se livre parfois au grand écart avec la syntaxe. Dans un courrier adressé au président du Syndicat de la magistrature le 21 août 2012, la garde des Sceaux a osé écrire : « *Vous n'êtes pas sans ignorer* que, dans le cadre de la départementalisation de Mayotte à compter du 1er avril 2011, l'organisation judiciaire a évolué vers un modèle proche de celui de la métropole et des autres départements d'outre-mer mais adapté aux réalités locales » ! Si on exclut l'hypothèse que la ministre a entendu se moquer du syndicaliste, la faute de français est inquiétante. Si elle a pondu elle-même le texte, ça veut dire que personne ne l'a relu. Dans le cas contraire, la faute n'a choqué aucun de ses collaborateurs, preuve que, place Vendôme, on se fiche pas mal de notre langue. Et si un quelconque sous-fifre est l'auteur de la missive, comment ne pas en déduire que la garde des Sceaux l'a signée sans la relire ? Dans tous les cas de figure, la réponse est affligeante. Le président du Syndicat de la magistrature, qui a mis le courrier en ligne, ne paraît pas s'en être ému...

Je reviens à l'exigence de motivation des décisions de cours d'assises. L'informatique facilite grandement le travail de leurs présidents. Car il n'est pas question de chômer ! Alors que n'importe quelle affaire un peu délicate de correctionnelle ou de police est mise en délibéré pour donner aux juges le temps de la réflexion pour motiver leur jugement, la « feuille de motivation » doit précéder le verdict. Pour les affaires « d'une particulière complexité » par le nombre des accusés ou celui des crimes reprochés, le délai est porté à trois jours maximum après le prononcé du verdict. Pas question non plus de passer des heures à pondre une motivation dont chaque mot serait pesé et soumis à l'approbation des deux autres juges et des jurés, surtout à un moment du procès où la fatigue commence à se faire sentir. On imagine aussi les affres d'un président qui dans le secret de l'urne aurait voté pour la culpabilité de l'accusé et qui devrait motiver un acquittement... Et pourtant cela arrive...

Dans la pratique, le président reprend brièvement l'essentiel des faits déjà synthétisés sur son ordinateur portable lors de la préparation du dossier et les corrige à l'issue des délibérations en fonction des éléments nouveaux apparus pendant les débats, tout cela sous l'œil de ses collègues et des jurés.

Un jury est composé de personnalités très hétéroclites, unies le temps d'un procès par le poids des responsabilités qui pèsent sur leur conscience. Car pour le reste, les gens intelligents qui percutent au quart de tour ou doués d'une belle finesse d'esprit côtoient des caractères parfois bouchés à l'émeri, l'âge, le sexe ou la profession ne constituant en rien des indicateurs précieux lors du tirage au sort et de l'exercice du droit de récusation par le ministère public et la défense. J'ai rencontré dans ma carrière des gens diplômés qui tenaient lors des délibérations des propos stupides et, à l'inverse, des gens de condition modeste qui donnaient des avis très pertinents, l'âge ne faisant rien à l'affaire. Le président de la cour joue le rôle d'un berger qui doit ramener dans le troupeau les brebis égarées, voire déboussolées. La plupart le font avec finesse et justesse, pour rappeler certaines évidences de l'affaire à des jurés qui peinent à s'y retrouver, chacun pouvant s'exprimer à sa guise. En amont des délibérations, les suspensions d'audience, accompagnées d'une pause-café, permettent de tâter le terrain et de commenter les interventions des témoins ou experts. Il se crée ainsi une familiarité artificielle qui favorise un climat de confiance très utile ensuite dans les délibérations.

Mais j'ai connu jadis un collègue qui était un vrai manipulateur. Lors des délibérations, il faisait un tour de table, en demandant à chacun de donner son avis, ce qui plongeait toujours dans l'embarras les jurés les plus faibles. Il prenait la parole en dernier pour assener d'un ton docte et un brin méprisant : « Moi, je pense que... », et comme il était naturellement porté à la répression, les jurés impressionnés le suivaient et le pauvre accusé écopait toujours d'une lourde peine. Une seule fois, je l'ai vu pencher vers la clémence. L'avocat de l'accusé avait soulevé et fait acter un incident d'audience, qui ouvrait la voie de la cassation. Il convenait donc de prononcer une sanction qui dissuaderait le défenseur de former un pourvoi risquant d'avoir des conséquences fâcheuses sur la carrière de l'ambitieux magistrat...

Un autre président était du genre expéditif. Il donnait d'emblée et d'un ton docte son avis sur la peine à infliger et, bien sûr, la majorité des jurés s'inclinait. Nous n'étions pas loin d'une juridiction à juge unique, la contradiction apportée par les deux assesseurs magistrats pesant de peu de poids devant l'autorité du président... Plus aucun magistrat du tribunal ne voulait siéger à ses côtés. La fronde, remontée aux oreilles du premier président de la cour d'appel, a produit ses effets car on n'a plus revu ce magistrat aux assises. En revanche, j'ai rencontré, surtout dans ces dernières années, d'autres présidents à l'écoute des jurés, prenant le soin d'expliquer que la condamnation doit être adaptée à la fois à la gravité du crime et à la personnalité de son auteur, avant de suggérer, non sans une part de manipulation subtile, une fourchette de peine paraissant raisonnable. Dans ces cas-là, le verdict a le mérite d'être accepté par le condamné, son avocat et le parquet.

Je reviens aux jurés. J'ai déjà évoqué la loi du 10 août 2011 qui avait notamment prévu d'associer deux «citoyens assesseurs» aux trois magistrats professionnels pour juger certaines affaires correctionnelles. Pour compenser le coût de cette participation des citoyens dans les fonctions correctionnelles, le législateur a alors réduit de neuf à six le nombre des jurés devant la cour d'assises. Petit problème: les citoyens assesseurs ont disparu de la circulation le 31 mars 2013, l'application des textes soulevant trop de difficultés, tenant notamment à l'allongement de la durée des audiences, la nécessité d'en créer de nouvelles et l'alourdissement du stock des affaires en attente. Sans parler de leur coût. Le premier président de la cour d'appel de Toulouse, l'une des deux cours «expérimentales», l'avait évalué à 200000 euros. Je précise également que les décisions rendues avec l'aide de ces «citoyens assesseurs» n'étaient, semble-t-il, ni plus ni moins sévères que celles rendues par les seuls magistrats.

Les craintes des magistrats n'étaient donc pas infondées, ni justifiées uniquement par le corporatisme.

Mais pour autant, la mort dans l'œuf des « citoyens assesseurs » n'a pas eu pour corollaire le retour à neuf jurés dans les cours d'assises. Moralité : le peuple français est le dindon de la farce. Quand le mieux est l'ennemi du bien…

Conclusion : les accusés risquent parfois de faire les frais de ce cafouillage législatif. Avant la loi du 10 août 2011, votée sous le coup de l'émotion, pour qu'un accusé soit déclaré coupable, ou pour toute décision défavorable, il fallait une majorité de huit voix au moins. En supposant que les trois magistrats votent en faveur de la culpabilité ou de la peine la plus sévère, il fallait donc qu'au moins cinq jurés sur neuf se prononcent également dans ce sens. Désormais, les décisions défavorables à l'accusé se prennent à la majorité de six voix au moins. Un « allègement » qui risque d'entraîner parfois des verdicts surprenants en raison de son « effet levier », qui traduiront des réactions épidermiques dans certaines affaires lourdes d'une dimension affective et accréditeront l'impression de loterie. À moins que le président de la cour d'assises ne réussisse à manipuler habilement ces jurés indécis tant au niveau de la décision de culpabilité qu'à celui du choix de la peine. Mon expérience m'incite à dire qu'il y parvient presque toujours.

Encore un mot sur les jurés. J'insiste sur cette loi mystérieuse qui fait que le tirage au sort désigne très souvent une ou deux personnes d'une belle acuité intellectuelle, qui percutent immédiatement et, dans les délibérations, lancent des réflexions pertinentes. À l'autre bout de la chaîne sont en général tirées une ou deux autres personnes d'une acuité intellectuelle moindre. Le problème pour le président est qu'en général elles restent silencieuses pendant les délibérations et qu'il est donc impossible de corriger leurs divagations, qui ne se révéleront que dans le dépouillement des bulletins de vote. Entre les deux extrêmes, il y a souvent ces hommes et ces femmes plus ou moins influençables, dans un sens comme dans l'autre. Et, malheureusement, rien n'est écrit sur le front des uns et des autres, et le droit de récusation de la défense et de l'accusation n'empêche pas quelques esprits limités de siéger dans le jury... J'ai cependant observé que la réduction de neuf à six du nombre de jurés facilite la prise de parole chez les plus timides et qu'il est dès lors plus facile de leur faire entendre raison.

Je dois évoquer ici l'affaire d'Outreau. Le peuple français porte sa part de responsabilité dans la condamnation de six des dix-sept accusés. Je rappelle qu'à l'issue du premier procès devant la cour d'assises de Saint-Omer, entre les mois de mai et juillet 2004, sept accusés avaient été acquittés suite aux nouvelles déclarations de Myriam Badaoui. Pourquoi sept personnes acquittées, et pas treize, quatre accusés reconnaissant les faits ? Pourquoi au moins cinq jurés sur neuf (à supposer une fois encore que les trois magistrats aient voté la culpabilité) ont-ils, dans *la sincérité de leur conscience* et après quinze heures de délibération, déclaré coupables celles et ceux qui devaient être acquittés en novembre 2005 par la cour d'assises de Paris, au terme d'un procès par ailleurs frappé au coin de l'ignominie à l'égard des douze enfants victimes d'abus sexuels ? Du coup, il aurait été intéressant de connaître, si cela avait été possible à l'époque, la « motivation de l'intime conviction » des juges et des jurés de la cour d'assises de Saint-Omer. La commission d'enquête parlementaire en aurait sûrement tiré profit, à condition de se sortir de ce climat de chasse aux sorcières qui régnait dans le pays pendant ses travaux entre les mois de janvier et d'avril 2006... Quel impact aurait eu sur la commission l'audition du président de la cour d'assises du Pas-de-Calais invité à s'expliquer sur la culpabilité prononcée contre six accusés au terme de QUINZE HEURES de délibérations ? Que pensent aujourd'hui de la suite des événements les douze hommes et femmes qui ont rendu cette décision ? Sont-ils rongés par le remords ? Ou dorment-ils la conscience tranquille, révoltés seulement par l'hystérie qui n'a jamais cessé depuis 2005 dès que l'on prononce le nom d'Outreau ? Cette révolte n'est-elle pas exacerbée depuis la condamnation le 23 février 2012 par le tribunal correctionnel de Boulogne-sur-Mer d'un couple faisant partie des six acquittés pour violences habituelles sur mineurs, au domicile duquel on a saisi en 2009 une cassette mettant en scène, lors d'une fiesta bien arrosée, des adultes s'exhibant nus devant des enfants, même si le couple a été relaxé des faits de corruption de mineurs ? En revanche, ils ont été condamnés à des peines de 10 et 8 mois d'emprisonnement avec sursis pour avoir contraint deux de leurs cinq enfants, âgés de 10 et 11 ans, à rester à genoux des heures entières sur le sol ou sur un manche à balai. La détention provisoire les a probablement démolis. Mais leur reconstruction, assortie d'une réparation financière de quelques centaines de milliers d'euros, emprunte d'étranges chemins...

L'heure n'est-elle pas venue de rétablir quelques vérités concernant l'instruction et les deux procès devant les cours d'assises de Saint-Omer et de Paris ?

L'affaire d'Outreau, c'est d'abord trente-quatre adultes suspectés d'abus sexuels sur une cinquantaine d'enfants. Après un examen minutieux des charges par le parquet général, passant par un recoupement des déclarations des enfants et des témoins (familles d'accueil, travailleurs sociaux), « seulement » dix-huit adultes seront mis en examen (l'un d'eux se suicidera en prison) et douze enfants reconnus victimes. Les deux fils de Myriam Badaoui retrouveront les noms de onze tortionnaires pour l'un, neuf pour l'autre.

L'affaire d'Outreau, ce sont des mis en examen (les futurs acquittés) s'accusant les uns les autres devant le juge d'instruction.

L'affaire d'Outreau, c'est l'un des futurs acquittés déclarant à un psychiatre : « J'ai violé des enfants pour de l'argent. »

L'affaire d'Outreau, ce sont des avocats intervenant très peu pendant l'instruction et déclarant devant les magistrats de la chambre de l'instruction de Douai : « Nous préparons Saint-Omer. »

L'affaire d'Outreau, c'est un avocat appelant un journaliste du *Point* pendant que le dossier était encore à l'instruction pour lui dire : « Mon client crie son innocence, mais il est noir comme du charbon. »

L'affaire d'Outreau, c'est ce premier procès de Saint-Omer entre mai et juillet 2004, pendant lequel les enfants assistés seulement de deux avocats se sont retrouvés parqués dans le box des accusés, pendant que ceux-ci partageaient avec leurs défenseurs et les journalistes les bancs réservés au public.

Le procès de Saint-Omer, c'est certains des dix-neuf avocats des accusés se relayant pour interroger et harceler un enfant dès qu'une inexactitude était relevée dans sa déposition, pour finir par le traiter de menteur et discréditer ainsi son témoignage.

L'affaire d'Outreau, c'est le procès en appel des six condamnés de Saint-Omer (après quinze heures de délibération, je le rappelle) devant la cour d'assises de Paris, en novembre 2005.

Le procès de Paris, c'est de nouveau le calvaire vécu par les enfants ; c'est l'avocat d'un des accusés lançant à l'un d'eux, Kevin Badaoui : « T'es comme ta mère, un mythomane et un monstre. »

Le procès de Paris, c'est l'avocat général qui demande au même Kevin s'il a été violé par des extraterrestres.

Le procès de Paris, c'est la présidente de la cour d'assises qui lit en rigolant les expertises mentales des accusés, s'attardant en revanche pendant trois quarts d'heure sur une faute d'orthographe dans un rapport.

Le procès de Paris, c'est un seul expert, cité à la demande de la défense, affirmant que les enfants ont menti, alors qu'il ne les a pas examinés.

Le procès de Paris, c'est l'irruption du procureur général, après des réquisitions d'acquittement par l'avocat général, pour présenter ses excuses aux accusés au nom du peuple français, avant même que la cour et le jury ne se retirent pour délibérer[1].

L'affaire d'Outreau, c'est donc à l'arrivée douze enfants qui ont subi des sévices sexuels commis par deux couples d'adultes. Fermez le ban.

Pour reprendre une expression qu'affectionnent les journalistes : l'affaire d'Outreau a-t-elle livré tous ses mystères ?

Que deviendront les douze enfants dont la qualité de victimes a été reconnue ? Les dommages-intérêts que leur a octroyés la commission d'indemnisation des victimes de Boulogne-sur-Mer, pour des montants variant entre 10 000 et 30 000 euros (pourquoi cette discrimination ?), les aideront-ils à se reconstruire ? Tant que l'on évoquera l'affaire d'Outreau sous l'angle de l'erreur judiciaire, pour ne pas reprendre les termes de « fiasco » ou de « tsunami judiciaire », les petites victimes n'auront-elles pas le sentiment d'être les grandes oubliées de l'histoire ? Une injustice en forme de bombe à retardement pour combien d'entre elles ?

---

1. Les informations sur l'affaire d'Outreau sont tirées des témoignages recueillis dans le documentaire *Outreau : l'autre vérité*, réalisé par Serge Garde, diffusé en salles, acheté par la Télévision suisse romande, mais à ce jour par aucune chaîne française…

Les dysfonctionnements, réels ou supposés, de cette affaire en forme de gigantesque manipulation politico-médiatique, continueront-ils d'alimenter longtemps encore la défiance du pouvoir politique et d'un nombre important de citoyens à l'égard des magistrats ? La loi organique du 22 juillet 2010 est venue opportunément accentuer cette défiance à l'égard des juges. Mais le résultat n'est pas à la hauteur des « bénéfices » escomptés.

Jusqu'à cette date pouvaient être sanctionnés les magistrats qui manquaient « aux devoirs de leur état, à l'honneur, à la délicatesse ou à la dignité ».

Quelques exemples récents de manquements, que j'ai extraits du rapport d'activité 2011 du Conseil supérieur de la magistrature (édité par La Documentation française) :

- la présidence d'une audience de comparution immédiate en état d'ivresse, engendrant des propos confus, une direction laborieuse des débats, une sortie précipitée de la salle avec interruption de la plaidoirie d'un avocat ; quelques jours plus tard des propos grivois envers une greffière, tutoyée, et donnant enfin du « monsieur » à une femme mise en examen (sanction contre le vice-président : rétrogradation et déplacement d'office) ;
- les propos tenus par une juge d'instruction contre deux gendarmes : « Ce que vous faites ne sert à rien [...] vous n'êtes pas capables de faire votre travail » (sanction : retrait des fonctions de juge d'instruction) ;

- les conseils donnés à un ami producteur de films pornos pour éviter les problèmes liés à la minorité de certains « acteurs » (sanction : mise à la retraite d'office avec maintien des droits à pension) ;
- le dépôt nocturne dans le jardin voisin de personnes âgées de photos pornographiques, suivi d'une interpellation par la police (sanction : fin des fonctions de juge de proximité et retrait de l'honorariat de ce magistrat) ;
- la présidence de trois audiences correctionnelles en état d'ivresse, faisant suite à une condamnation pour conduite sous l'empire d'un état alcoolique, une maladie chronique chez cette collègue (sanction : mise à la retraite d'office).

Cinq exemples de manquements... En 2012, trois magistrats du parquet ont été sanctionnés (dont l'un pour avoir dérobé la carte bancaire d'un collègue et l'avoir utilisée pour l'achat de vêtements sur des sites Internet !), et cinq magistrats du siège (dont un président de TGI...) ont subi le même sort.

Évidemment, c'est peu au regard d'un effectif de près de 7 800 personnes. Mais c'est déjà beaucoup pour une profession qui doit être exemplaire en toutes circonstances. Mais ces quelques décisions du CSM ne sauraient rassurer tous les justiciables qui ont le sentiment, à tort ou à raison, d'avoir eu affaire à des personnalités « hautes en couleur », bizarroïdes, voire inquiétantes ou dangereuses.

J'ai eu jadis comme professeur de droit du travail un monsieur charmant, par ailleurs conseiller à la Cour de cassation. La mine joviale, le teint rubicond, ce vieux garçon avait un penchant très marqué pour la dive bouteille. Dans l'amphithéâtre de la fac de droit d'Amiens, nous échangions parfois des regards perplexes devant ses propos confus ou sa tendance à piquer du nez à la fin de ses cours. J'imagine que la même perplexité se lisait parfois dans les yeux des avocats quand ils découvraient les arrêts pondus par ce haut magistrat...

J'ai connu également un président de correctionnelle qui avait fait l'objet d'une « promotion-sanction » dans l'est de la France suite aux liens très étroits qu'il avait entretenus avec des proxénètes du milieu niçois, qui traînait régulièrement dans le couloir du tribunal pour enfants pour entraîner dans son bureau des jeunes filles sous prétexte d'arranger leurs affaires, qui avaient toutes les peines du monde à repousser ses avances... La hiérarchie fermait les yeux sur ses débordements, d'autant qu'à l'époque aucune victime de ses frasques n'aurait songé à porter plainte.

C'est pour lutter contre ce type d'agissements que la loi organique du 22 juillet 2010, s'inspirant en droite ligne de la publication, en mai 2010, par le CSM d'un « recueil des obligations déontologiques », permet désormais à tout justiciable de saisir directement le Conseil supérieur de la magistrature s'il estime que le comportement d'un magistrat du siège ou du parquet dans l'exercice de ses fonctions est susceptible de recevoir une qualification disciplinaire. Autrement dit, on court-circuite la voie hiérarchique, suspecte de fermer les yeux pour ne pas faire de vagues.

Difficile d'aller plus loin, sur le papier, dans la protection des justiciables contre les violations par des juges des divers devoirs de leurs fonctions.

Le rapport d'activité du CSM pour l'année 2011 a tempéré l'enthousiasme de ceux qui pensaient qu'on allait enfin « bouffer du juge ».

Entre le 23 janvier et le 31 décembre 2011, les commissions d'admission des requêtes ont reçu 421 plaintes. Curieusement, leur nombre n'a cessé de décroître entre les deux dates. Pourtant, tout avait été mis en place pour l'information des justiciables : la page « saisine du justiciable » du site Internet a été consultée par 7 112 visiteurs, l'accueil téléphonique du pôle du même nom a renseigné une quinzaine de personnes par semaine, 68 lettres d'information ont été envoyées à des personnes ayant sollicité des renseignements.

À l'arrivée des courses, 66 % des plaintes ont été déclarées irrecevables car elles concernaient une décision et non un comportement d'un magistrat, ou contenaient des faits et des griefs trop vagues. Le dernier tiers a été déclaré également irrecevable du fait que le magistrat était toujours saisi de la procédure, que le requérant n'était pas personnellement concerné, que la plainte était imprécise ou visait enfin le comportement d'un magistrat en dehors de l'exercice de ses fonctions. En fait, une seule plainte a débouché sur une poursuite disciplinaire, initiée par deux journalistes du *Monde* et visant le procureur de la République de Nanterre, Philippe Courroye, suite à l'affaire des « fadettes ». En janvier 2014, le CSM a proposé de ne pas prononcer de sanction, avis que la garde des Sceaux a suivi.

En 2012, seules 283 plaintes ont été enregistrées.

Je serais tenté de dire : tout ça pour ça...

Mais est-ce pour autant que tout va bien dans le meilleur des mondes en dehors des agissements de quelques hurluberlus ou personnalités déviantes ? Cela se saurait... La vérité est plus subtile.

Car l'institution judiciaire reste un monde imparfait.

Il faut d'abord souligner le désarroi des justiciables face à la complexité des procédures et à un manque de considération. Parmi les courriers reçus par le CSM en 2012, voici l'un d'eux, reproduit dans son rapport annuel : « *Je sais que l'affaire a été jugée au fond, mais je garde un profond sentiment d'indignation en pensant au véritable parcours du combattant qu'aura été mon expérience du monde de la justice et plus particulièrement un sentiment de non-respect de la dignité du simple justiciable.* »

On mesure les progrès qui restent à réaliser en termes d'accueil et d'écoute des malheureux citoyens confrontés à la justice...

Par ailleurs, comment sanctionner, aujourd'hui encore, un tempérament, un caractère, une sensibilité ? Dès qu'ils ne dépassent pas certaines limites pour basculer alors dans la faute disciplinaire, l'inclination à la paresse, le penchant pour la bouteille (aujourd'hui en voie de disparition), le fonctionnement brouillon, la lenteur maladive cachée sous le masque de la conscience professionnelle, ou à l'inverse une certaine désinvolture pour expédier les dossiers, la hiérarchie préfère comme jadis gérer en interne les problèmes, par des rappels à l'ordre ou par une diminution du montant de la prime modulable des intéressés. À condition que les médias n'aient pas vent de faits choquants. Le quotidien *Ouest-France* a rapporté le 29 novembre 2012 l'échange d'une centaine de messages *via* Twitter entre l'avocat général et un assesseur lors d'un procès devant la cour d'assises de Mont-de-Marsan. « Un assesseur exaspéré qui étrangle sa présidente en pleine audience d'assises, ça vaut combien ? » demande l'assesseur. Réponse de l'avocat général : « Je serai témoin de moralité. » L'assesseur : « Je te renvoie l'ascenseur en cas de meurtre de la directrice du greffe. » Et les deux hommes d'échanger des messages plus grivois, le parquetier avouant qu'il ne suit plus les débats depuis deux heures. Hélas, plus de 4000 personnes lisent les échanges, dont une étudiante bretonne qui informera des journalistes. Poursuivis devant le CSM, celui-ci, par décisions des 29 et 30 avril 2014, a prononcé un blâme contre l'assesseur, et a proposé à la garde des Sceaux le déplacement d'office de l'avocat général. Par ailleurs, l'accusé, condamné à 10 années de réclusion criminelle, sera rejugé, le parquet général ayant fait appel de la première décision « afin qu'il y ait un nouvel examen serein dans ce dossier ».

Sans la presse régionale, nos concitoyens auraient également ignoré le geste de folie d'une très honorable présidente de chambre à la cour d'appel, par ailleurs épouse d'un avocat et édile local. Dans un accès de jalousie trahissant sa détresse, elle avait dégradé le véhicule de la maîtresse de son mari. Démasquée par les caméras de surveillance du parking, elle a échappé à toutes sanctions, y compris un très modeste rappel à la loi, le procureur de la République ayant estimé que le préjudice (8 000 euros !) avait été réparé. Problème : outre le fait que c'est l'assureur de la victime qui a payé et que des justiciables sont poursuivis et condamnés alors qu'ils ont pourtant indemnisé les victimes sur leurs propres deniers, cette collègue a été amenée dans ses fonctions à confirmer, voire aggraver, des sanctions à l'encontre de délinquants qui eux aussi avaient cédé à des pulsions qu'ils n'avaient su maîtriser… Et, au-delà d'une histoire au climat « chabrolien », cette impunité totale a laissé un goût amer chez pas mal de nos concitoyens et nourri un profond sentiment d'injustice en entretenant l'idée que les gens de robe s'arrangent toujours entre eux… Justice à deux vitesses… Suivant que vous serez puissant ou misérable, etc.

Un autre trait de caractère met à l'abri de tout ennui avec la hiérarchie : la docilité ; avec son corollaire : la peur de déplaire. Un seul exemple : suite au vote de la loi du 10 août 2007, qui a créé les fameuses peines planchers pour les crimes et les délits commis en état de récidive légale, on a vu le tribunal correctionnel du Mans condamner dans le cadre d'une comparution immédiate à 2 ans ferme une jeune femme pour le vol de quelques flacons de parfum dans une boutique de la ville. Il n'est pas venu à l'esprit de mes collègues que la peine était démesurée au vu de la gravité de l'infraction et qu'ils pouvaient assortir la plus grande partie de la condamnation d'un sursis avec mise à l'épreuve et ne pas prononcer de mandat de dépôt... Dieu merci, d'autres magistrats ont su d'emblée nuancer en faisant preuve d'humanité. Mais combien de délinquants ont subi une terrible injustice après l'entrée en vigueur de cette loi ? Et, pour avoir siégé souvent en comparution immédiate, j'ai constaté que la partie d'emprisonnement ferme prononcée dans le cadre des « peines planchers » est allée en diminuant au fil du temps, au profit des sursis avec mise à l'épreuve (SME). Une aberration d'ailleurs, car des prévenus se retrouvent ainsi avec deux ou trois SME successifs qui souvent ne sont que partiellement révoqués vu leur ampleur. Mais nous n'avions pas d'autre solution pour pallier une loi inique aux yeux de très nombreux juristes et praticiens. Une loi qui n'était toujours pas abrogée au printemps 2014...

Je ne compte pas le nombre de fois où j'ai entendu des collègues menacer de démissionner si telle ou telle réforme était votée. La loi passait, les collègues restaient. La culture de l'obéissance est en effet très forte dans le corps judiciaire. Ça râle beaucoup mais, dans leur majorité, les échines savent se plier aux exigences de la hiérarchie pour favoriser la productivité et ne pas nuire à un avenir professionnel qui s'annonce prometteur.

En revanche, contrairement à une idée reçue, tous les magistrats ne collaborèrent pas avec l'ennemi entre 1940 et 1945. Si un seul refusa de prêter serment au maréchal Pétain, ils furent des centaines à résister dans l'exercice de leurs fonctions, certains en rendant des décisions extrêmement clémentes, voire en prononçant la nullité des poursuites sous prétexte d'un vice de procédure infime, d'autres en favorisant l'évasion des prétoires. Certains le payèrent de leur vie dans des camps de déportation... Je suis convaincu qu'aujourd'hui encore, si l'Histoire se répétait, on retrouverait chez beaucoup le même esprit de résistance.

Et que dire du pire des maux qui gangrène la société et qui, hélas, n'épargne pas le corps judiciaire, fût-ce à la marge, à savoir le racisme, dans son acception la plus large ? J'ai connu jadis un substitut qui, aux audiences, usait des termes les plus péjoratifs à l'égard des jeunes maghrébins que nous jugions, réservant cependant pour le privé le mot « bougnoule ». Il ne portait pas davantage dans son cœur les gens du voyage, même ceux soucieux de se sédentariser. Combien de fois ai-je entendu dans sa bouche le terme « estanco » employé à propos des mobile homes transformés en habitations en dur dont il demandait la démolition en vertu de je ne sais plus quels textes, le préfet étant à l'origine des poursuites ? Ce collègue est aujourd'hui procureur de la République d'une importante juridiction...

Certes on n'engagera pas des poursuites et on ne condamnera pas des personnes sur la seule base de leurs origines ethniques ou religieuses s'il n'existe pas contre elles des charges sérieuses. Mais, pour revenir à l'affaire de Johnny B., si Jessica n'était pas revenue sur ses accusations, qui sait si quelques jurés n'auraient pas gardé en mémoire les paroles de l'avocat général, « les gens du voyage n'avouent jamais », pour le déclarer coupable ?

Une autre dimension de la personnalité des magistrats peut être porteuse d'injustices : leurs opinions politiques. Le 27 avril 2012, le Syndicat de la magistrature a diffusé un communiqué sous le titre « Ne le laissons pas récidiver ! » visant bien entendu Nicolas Sarkozy, et appelant « chaque électeur à s'opposer par son vote à la politique du pire et à rendre possible le changement qui s'impose ». Un an plus tard, il y a eu, hélas, beaucoup plus grave. Le 24 avril 2013, un site Internet a diffusé les images filmées à la dérobade par un journaliste dans les locaux du même syndicat, représentant le « mur des cons », à savoir une centaine de photos ou de caricatures de magistrats, d'avocats, d'hommes politiques, de journalistes, mais également des pères de deux jeunes femmes, Pascale et Anne-Lorraine, assassinées par un tueur en série et un voyou multirécidiviste. Le point commun à tous ces « cons », pour la plupart des gens de droite, était de militer pour un traitement sévère de la récidive. Bien entendu, l'affaire a connu un retentissement médiatique et politique énorme. Certains « cons » ont porté plainte, la garde des Sceaux a saisi le Conseil supérieur de la magistrature pour apprécier s'il y a eu « manquement à la déontologie ». Le Syndicat de la magistrature s'est défendu le jour même en indiquant dans un communiqué que « cet affichage est le vestige d'un temps où la justice était sous pression permanente et où les magistrats faisaient l'objet d'attaques violentes et démagogiques » et qu'il révèle simplement « que certains membres du syndicat pratiquent entre eux la satire et l'humour potache ». L'explication peut laisser perplexe, mais un nouveau communiqué du syndicat le 13 mai 2013 a selon moi aggravé son cas.

Conscient de l'ampleur des dégâts, le syndicat a cru bon de s'excuser et de se justifier en écrivant notamment : « Deux parents de victimes s'y trouvaient effectivement [sur le "mur des cons"], mais évidemment pas en cette qualité. Ce n'est pas leur personne qui était visée, mais les idées, aux antipodes de l'humanisme auquel nous sommes attachés, qu'ils ont pu porter, en qualité de membre de l'Institut de la justice pour l'un, et de la commission Léger pour l'autre... » Curieuse conception de l'humanisme que celle consistant à traiter de cons des adversaires politiques et surtout deux pères effondrés par la perte de leurs filles. Un vrai humanisme ne commandait-il pas le respect le plus élémentaire, la compréhension des positions de ces deux hommes au destin fracassé ?

Une nouvelle pierre a été apportée au mur le 17 février 2014 par la mise en examen de la présidente du SM pour « injure publique », délit prévu et réprimé par la loi du 29 juillet 1881 sur la presse, information confirmée le 12 mars 2014 par le syndicat dans un communiqué qui a dénoncé « l'instrumentalisation par une certaine droite... une manipulation grossière, un acharnement qui n'a qu'un seul but : museler un syndicat qui a fait de la défense des libertés publiques un combat ».

Une « certaine droite » déjà stigmatisée dans un courrier adressé au président de la République quelques jours plus tôt, le 5 février 2014 : « Les rues étaient à peine vidées de leurs cortèges *de militants d'une certaine droite réactionnaire, porteuse d'une vision passéiste de la famille*, que votre gouvernement renonçait à présenter un projet de loi sur la famille cette année. »

À ce militantisme actif, d'autres magistrats, de droite cette fois, préfèrent la discrétion pour des intrigues de palais destinées à leur procurer hochets et promesses de sinécures...

Compte tenu de leurs convictions bien tranchées, ces différents collègues sont-ils en mesure de toujours garantir aux justiciables les règles d'un procès impartial ? J'en doute.

Pour revenir à des considérations beaucoup plus terre à terre, un magistrat *normal* n'est jamais à l'abri d'une erreur dont les conséquences peuvent être tragiques.

J'ai suivi comme tout le monde en novembre 2012 l'affaire de la jeune Chloé, cette adolescente de 15 ans enlevée dans le Gard et retrouvée saine et sauve dans le coffre d'une voiture en Allemagne, victime d'un multirécidiviste de 32 ans, déjà condamné à treize reprises entre 2004 et 2009. Ce fait divers a révélé de multiples « dysfonctionnements » de la justice. Sorti de la maison d'arrêt en septembre 2012, l'individu ne s'était pas présenté au Service pénitentiaire d'insertion et de probation, alors qu'une convocation lui avait pourtant été remise. À l'issue du délai de huit jours prévu par les textes, le SPIP avait adressé un fax au juge d'application des peines, qui déclarera par la suite ne l'avoir jamais reçu. Les trois juges d'application des peines de Béziers géraient à l'époque environ 900 dossiers, sans parler de leur probable participation à d'autres fonctions juridictionnelles, comme c'est le cas au Mans. Plus la juridiction est petite, plus les juges spécialisés sont mis à contribution pour d'autres tâches. Ainsi la charge de travail et une vigilance prise en défaut dans un dossier ordinaire expliquent, sans la justifier, l'une des graves erreurs commises dans ce fait divers qui aurait pu très mal se terminer.

De manière générale, quand on ouvre un dossier, quelle que soit la procédure, un travail nouveau commence, qui exige une disponibilité intellectuelle totale. La fatigue en fin d'audience, de journée ou de semaine peut parasiter une vigilance qui doit être permanente pour juger dans les meilleures conditions possibles, quelle que soit l'importance du dossier. Dans mes fonctions au tribunal d'instance, je réservais ainsi au vendredi après-midi la rédaction des jugements de « petites » affaires, n'exigeant normalement aucun effort intellectuel particulier. Il m'est pourtant arrivé de repenser à un dossier pendant le week-end et de revoir ma copie le lundi matin. Je pense par exemple à un litige dans lequel j'avais résilié le bail et prononcé l'expulsion d'une jeune femme dans la précarité. Le samedi après-midi, ce dossier me revint à l'esprit dans des conditions inattendues, alors que je me promenais en ville avec mon épouse. La jeune femme, en dépit de ressources d'une extrême modicité, remboursait sa dette d'environ 1 600 euros par mandats de 100 euros depuis trois mois. Au prix de quelles privations ? Dès le lundi matin, je refis mon jugement pour lui permettre d'apurer sa dette et de rester dans le logement, le loyer courant étant réglé. En réalité, pour un juge, il n'y a pas de « petit » dossier...

Il arrive aussi que des événements de la vie personnelle, heureux ou malheureux, polluent l'attention et exigent un effort de concentration tout particulier. Celui-ci ne permet pas toujours d'éviter de se tromper en droit ou de négliger un détail important, l'esprit encombré de considérations extérieures au travail, et on ne peut reporter la tâche à plus tard, la pile de dossiers devant disparaître dans les meilleurs délais pour laisser la place à une autre. La collégialité prend alors toute son importance car elle permet de pallier la vigilance ponctuellement amoindrie d'un collègue, qui peut demander conseil aux deux autres qui ont siégé avec lui.

J'ai connu parfois ce genre de difficultés au tribunal de grande instance de Bourg-en-Bresse, quand les médias faisaient encore leur une de manière récurrente sur une affaire criminelle que j'avais instruite quelque temps plus tôt à Épinal et qui déchaînait encore les passions... J'avais du mal à me plonger dans de sombres histoires de servitudes de passage, de mitoyenneté, de malfaçons dans des pavillons, de faire la part des choses entre des artisans ayant salopé le travail et les mauvais payeurs. Dans le silence de mon bureau, je revivais les temps forts de cette affaire... Dieu merci, la porte des collègues était toujours ouverte.

Et, plus prosaïquement, les cris de l'estomac peuvent troubler la qualité du jugement. Une étude réalisée en 2012 par un chercheur israélien en neurosciences, Shai Danziger, révèle que la proportion des décisions favorables aux justiciables atteint 65 % lorsqu'ils ont l'estomac plein et tombe à… 0 % juste avant le repas[1] !

J'ose affirmer que les magistrats français sont moins sensibles que leurs collègues israéliens à ces appels du ventre. Mais il est certain que des dénégations stupides ou une plaidoirie interminable à l'heure du repas auront parfois des répercussions fâcheuses sur la sanction en raison de l'agacement qu'elles créeront, alors qu'elles passeraient mieux en début d'audience. À condition que le déjeuner n'ait pas été trop lourd, une autre cause de vigilance amoindrie, mais pas la seule… Je parle en connaissance de cause. Quand je siégeais comme assesseur à l'audience de 14 heures du tribunal correctionnel de Bourg-en-Bresse, le phénomène se répétait immuablement. J'étais pleinement éveillé la première demi-heure. Mais hélas, à moins que l'affaire ne fût vraiment passionnante, je sentais ensuite mes paupières s'alourdir. J'avais beau lutter contre l'assoupissement, rien n'y faisait. J'ai cherché des solutions : un déjeuner léger, une bonne dose de caféine. Impossible de résister. Pour tromper mon monde, j'ôtais mes lunettes, posais les coudes sur le bureau en me prenant la tête entre les mains pour donner l'impression d'une profonde réflexion.

Une fois au moins, je ne pus donner le change. Une voix me sortit brusquement de ma léthargie : « Jean-Michel, tu dors ! » chuchotait la jeune substitut, m'obligeant à me redresser dans mon fauteuil !

1. *L'Express* du 31 octobre 2012.

Lorsque dans l'après-midi nous nous retirions pour délibérer, j'avoue que je n'avais pas grand-chose à dire sur la première affaire. En revanche, passé ce moment difficile, l'attention restait intacte très tard dans la soirée. Mais à la nuit tombée (les audiences se terminaient régulièrement à 22 heures, voire plus), elle s'émoussait de nouveau, cette fois sous la forme d'un problème de concentration. Le cerveau saturait.

Enfin et surtout, oui: surtout, les magistrats sont semblables à ces fameux petits pois chers à un ancien président de la République, en ce que certains sont meilleurs que d'autres. Les uns se distinguent par la finesse et la clarté du raisonnement juridique, d'autres par des qualités d'écoute auxquelles sont toujours sensibles les justiciables. À défaut d'être toujours entendus, il est très important qu'ils quittent le prétoire avec le sentiment d'avoir été écoutés. L'humanité gomme alors, ou atténue, l'éventuelle impression d'injustice.

Je dois encore dire un mot sur les sanctions prononcées contre les magistrats qui manquent aux divers devoirs de leurs fonctions. Je sais que certains voudraient qu'ils soient sanctionnés financièrement pour leurs erreurs. Une mesure purement aberrante, car, outre le fait qu'un juge ne commet jamais délibérément une faute à l'origine d'une erreur judiciaire (je rappelle aussi qu'une longue chaîne d'intervenants participe toujours à cette construction) plus personne ne voudrait exercer une profession risquant de mener à la ruine. Bien entendu, un système d'assurance obligatoire limiterait les dégâts. Mais là encore aucun doute que le simple fait de voir son traitement amputé d'une prime quelconque découragerait les vocations. Lesquelles sont déjà en perte de vitesse puisque, ces cinq dernières années, le nombre de candidats au concours d'entrée de l'ENM (École nationale de la magistrature) a baissé de 60 %. La profession n'attire plus les cerveaux les plus intelligents. D'ailleurs, au concours 2012, une vingtaine de postes offerts n'ont pas été pourvus, les candidats n'ayant pas le niveau requis. Il semblerait cependant que la tendance s'inverse depuis 2013.

Un dernier argument milite à mon avis contre cette mesure démagogique. Rendre les juges responsables sur leurs deniers conduirait à les rendre... irresponsables. Les magistrats prennent chaque jour des décisions toujours lourdes de conséquences, dont ils sont en général pleinement conscients. Si le risque d'une erreur devait les conduire à en payer le prix, ils ouvriraient le parapluie en permanence, la peur remplacerait le courage. Car il faut parfois un peu de courage pour aller à l'encontre de la facilité. J'ai déjà évoqué ce point à propos des JLD. Remettre en liberté un délinquant ou un criminel en cours de procédure n'est jamais sans danger.

Quand j'étais juge d'instruction, j'avais inculpé une jeune femme d'infanticide. Après avoir caché sa grossesse à tout le monde, y compris à son compagnon et à son employeur, elle avait accouché seule chez elle. Le soir même, voulant selon ses dires laver son enfant, elle l'avait lâché dans la baignoire suite à un « trou noir ». Son compagnon avait découvert le drame trois jours plus tard. J'avais bien entendu placé en détention provisoire cette femme d'une trentaine d'années. Quatre mois plus tard, son compagnon se présenta à mon cabinet pour me demander de la remettre en liberté. Il lui avait trouvé un nouveau travail et elle partagerait son toit. Après avoir longuement hésité, je la libérai, et le parquet ne fit pas appel. Quelques mois plus tard, la cour d'assises la condamnait à 4 ans d'emprisonnement dont 42 mois avec sursis, alors que l'avocat général avait requis 4 ans ferme. Son défenseur me confia par la suite que ma décision avait fait tiquer le président et que, si je l'avais maintenue en détention, elle aurait probablement pris 4 ans ferme. Je n'ai plus jamais entendu parler de cette femme. Quel poids aurait pesé sur ma conscience si un refus de la libérer l'avait poussée à se suicider en prison ou si, inversement, quelque temps après sa libération, elle avait commis un nouvel infanticide? Cette interrogation n'est, hélas, pas une vue de l'esprit. J'ai éprouvé une peur rétrospective en mars 2013 quand j'ai appris l'interpellation dans l'Ain d'une jeune femme de 32 ans qui avait tué ses deux bébés et les avait congelés, le premier à l'automne 2011 et le second un an plus tard. Or elle avait été condamnée à quinze années de réclusion criminelle en 2005 pour l'assassinat de son nouveau-né. Placée en détention en juillet 2002, elle avait été libérée en décembre 2010...

Le rappel de cette affaire me permet une transition avec un dernier défaut, commun à l'immense majorité des magistrats, qui disparaît en général avec l'âge: la jeunesse. Ce que je vais en dire ne concerne que moi, chacun vivant différemment ce passage obligé.

Lorsque j'ai débuté ma carrière de juge d'instruction, j'étais dans ma vingt-septième année. J'ai le souvenir d'avoir été un garçon enthousiaste, prêt à en découdre pour que la vérité éclate dans tous les dossiers, doué d'une belle capacité de travail. Cela pour les aspects positifs de la jeunesse. Avec le recul, je pense cependant que le négatif l'emportait largement. Je souffrais d'abord d'une naïveté certaine qui me poussait à classer la société en deux catégories : les gens honnêtes et les autres. L'expérience et les épreuves m'ont enseigné que la réalité est beaucoup plus complexe, que tout manichéisme est à proscrire. Un exemple me revient en mémoire. Un inculpé, pour revenir sur ses aveux passés pendant sa garde à vue, m'avait déclaré être resté menotté pendant de longues heures à un radiateur dans les locaux du commissariat, tout repos lui étant ainsi interdit. J'avais bien sûr interrogé les policiers, qui avaient nié. Et je les avais crus sur parole, ne voyant dans les accusations du garçon qu'un mensonge pour tenter d'échapper à la justice. Aujourd'hui, je serais beaucoup plus enclin à le croire. Même si les nouvelles conditions de la garde à vue relèguent ces pratiques à une époque, Dieu merci, révolue…

Mais il y a pire. J'ai souffert quelque temps d'un sentiment de supériorité. Celui du jeune gandin qui avait réussi un concours difficile, qui exerçait désormais une fonction valorisante (à l'époque !) et qui gagnait très correctement sa vie. Je le dis aussi : je n'ai jamais traité, même à mes tout débuts, quiconque par le mépris. En revanche, j'ai manifesté parfois une désinvolture, dans les rapports avec les inculpés, que j'ai très vite chassée à cause d'un incident dans mon cabinet quelques semaines seulement après mon entrée en fonction. J'avais en face de moi un jeune voyou, soupçonné de multiples cambriolages et qui jouait les caïds. Lorsque je lui dis que je le plaçais en détention (il n'y avait aucun débat contradictoire à l'époque avec le procureur et l'avocat), il sourit et me répondit qu'il s'en fichait complètement. En le regardant droit dans les yeux, je rétorquai : « Mais alors, vous n'avez pas de couilles ! » Je le vis alors se raidir sur sa chaise, tordre les lèvres, rester silencieux un moment avant d'exploser : « Vous n'avez pas le droit de me dire ça ! Vous vous moquez de moi ! Je refuse de signer le procès-verbal ! » et de se lever brusquement. Je craignis un instant qu'il me saute dessus, mais les gendarmes de l'escorte lui passèrent rapidement les menottes. Quelques minutes plus tard, les enquêteurs m'apprenaient que ce petit voyou était hyper-macho. Lorsque je l'ai entendu par la suite sur les faits reprochés, et en présence de son avocat, nos rapports se sont normalisés, grâce précisément à cet avocat qui a calmé le jeu. L'histoire m'a servi de leçon. Nous sommes tellement en position de supériorité que nous n'avons pas le droit d'humilier les gens en face de nous, fussent-ils suspects des pires crimes. Le respect de l'autre doit toujours s'imposer, quelle que soit la personne que l'on juge. Un respect qui va au-delà de la simple formule de politesse et qui passe notamment par l'interdiction de toute forme d'une ironie facile et blessante, et surtout par l'écoute. La personne jugée peut quitter le tribunal profondément révoltée par la décision qui la frappe, avoir la haine au cœur, mais elle ne doit jamais éprouver le sentiment d'avoir été atteinte dans sa dignité ou frustrée par une interruption dans ses explications, fussent-elles alambiquées ou répétitives. Dans certains cas, les magistrats doivent faire preuve de beaucoup de patience...

Si dans les pages qui précèdent j'ai parfois donné l'impression d'être très sévère envers certains collègues, je tiens cependant à rendre hommage à l'immense majorité d'entre eux, y compris ceux du parquet, y compris les plus jeunes, loin de tout cliché. La plupart travaillent dans des conditions matérielles difficiles, parfois catastrophiques, avec une masse de dossiers impressionnante. En dépit de ce véritable harassement, ils tentent toujours d'apporter de manière scrupuleuse et humaine la réponse pénale la mieux adaptée, en tentant de s'y retrouver dans un maquis de textes kafkaïen ou ubuesque. Ils ne ménagent pas leur temps, aux dépens parfois de leur vie personnelle, et sans toujours bénéficier du soutien de la hiérarchie. Et je tiens à associer les personnels du greffe à ces sacrifices sur l'autel de Thémis, d'autant plus méritoires qu'ils sont très mal payés et pas toujours considérés par certains collègues.

Mais je vais plus loin. Mon parcours m'a appris qu'au fil des ans l'expérience professionnelle peut modifier le caractère en profondeur.

Ma jeunesse, avec ses qualités et ses défauts, s'est brisée très tôt contre le mur d'une épreuve qui m'a ouvert les yeux sur les limites de la justice. J'ai perdu toutes mes illusions dans cette aventure, avec cependant l'espoir dans un coin de mon esprit que la vérité finirait par éclater et me redonnerait foi en mon métier. Je sais aujourd'hui qu'il n'en sera rien. Rester debout et continuer d'avancer restent mon système de défense pour refuser dans le secret de ma conscience le triomphe de l'injustice dans une affaire destinée à rester l'une des plus grandes énigmes judiciaires du XXe siècle.

Deux événements liés à l'affaire Grégory ont bouleversé ma personnalité de magistrat, quand j'ai vécu la justice de l'autre côté du miroir.

En novembre et décembre 1993, j'ai été convoqué à cinq reprises devant la cour d'assises de Dijon dans le procès de l'assassin de Bernard Laroche. La journée du 15 novembre 1993 restera à jamais gravée dans ma mémoire. Au lynchage médiatique couru d'avance s'est ajoutée l'épreuve de devoir subir le feu roulant des questions du président de la cour d'assises et des avocats des parties civiles et de l'accusé, outre la confrontation avec certains enquêteurs et journalistes. J'ai été frappé de plein fouet par la mauvaise foi, voire les mensonges, entrecoupés de vérités, des uns et des autres, quand je ne disposais plus des pièces du dossier pour me défendre et me justifier, et que, neuf ans après les faits, ma mémoire présentait des trous difficiles à combler dans l'instant. Voilà pourquoi, par la suite, j'ai été régulièrement irrité par des réactions de certains présidents d'assises qui s'emportaient contre des témoins à la barre. « Aujourd'hui, vous nous déclarez que... Pourtant, lors de votre audition devant les enquêteurs, vous avez affirmé que... Il y a donc une contradiction flagrante entre ces deux dépositions. À quel moment dites-vous la vérité ? » Je me mettais alors à la place des pauvres bougres perdus dans les dédales de leur mémoire, impressionnés, voire paralysés, par le décorum de la cour d'assises...

Le 5 juillet 1995, j'ai été assigné devant le tribunal de grande instance de Paris par la mère du petit Grégory, à titre personnel, les deux parents assignant par ailleurs l'État pour faute lourde, en raison de divers dysfonctionnements dont j'aurais été responsable. J'ai découvert ainsi les affres que connaissent la plupart des justiciables à la remise d'une assignation. On prend pour argent comptant toutes les « accusations » portées contre vous. Le désarroi vous envahit, vous imaginez le procès perdu, avec toutes les conséquences qui en découlent pour votre honneur et votre portefeuille. Une deuxième lecture quelques heures plus tard permet de faire un premier tri entre les « accusations » farfelues et celles susceptibles d'engager effectivement votre responsabilité, suivant l'analyse qu'en feront les juges. J'ai mesuré également toute l'aide morale que peut apporter un avocat, quand on a la chance de tomber sur un juriste compétent. J'ai connu ensuite les épreuves de la lecture des conclusions adverses, en réplique à celles de votre avocat, dont vous pensiez pourtant qu'elles « cloueraient le bec » à l'autre partie, celle-ci trouvant pourtant la parade. Une nouvelle plongée dans le désespoir, même s'il est de courte durée. Sept ans de procédure, alternant moments d'euphorie et de désarroi. L'attente du jugement, rendu quelques semaines après le procès. Le 20 novembre 2002, les yeux qui s'embuent lorsque votre épouse vous appelle au tribunal pour vous annoncer qu'elle a entendu sur une radio périphérique que vos adversaires étaient totalement déboutés. Joie inqualifiable teintée de doute : a-t-elle bien compris ? N'est-ce pas trop beau pour être vrai ? Seule la confirmation par votre avocat dans l'après-midi permet de savourer totalement cette victoire judiciaire.

Encore un mot sur ce procès. Mes adversaires ont évidemment interjeté appel, et ils ont partiellement obtenu gain de cause le 4 juillet 2004. Deux observations : devant la cour d'appel de Paris, ils ont élargi le champ des responsables prétendus de l'impunité de l'assassin de leur fils, et surtout je n'étais plus partie au procès. Je n'ai donc pas pu faire valoir mes arguments face aux nouveaux faits qu'ils me reprochaient. Fermez le ban.

Est-ce pour autant que l'on sort renforcé de pareilles épreuves, que l'on continue de travailler comme si rien ne s'était passé ? Bien sûr que non. Tous les moments difficiles vécus depuis cette première journée du 15 novembre 1993 et le lynchage médiatique qui s'est ensuivi, la condition d'un justiciable (presque) ordinaire endossée ensuite pendant sept ans avec le procès civil ont bouleversé mon regard sur mes fonctions de magistrat.

J'ai appris à travailler avec beaucoup d'humilité, à juger l'autre avec autant d'humanité que possible. J'ai toujours refusé de céder à l'amertume et au désabusement pour apporter, ou tenter d'apporter, dans mes décisions cette once de compréhension qui marque la noblesse de l'acte de juger. Je sais que je n'y suis pas toujours parvenu, en raison des nombreux obstacles dressés entre l'autre et moi : l'abjection ou l'extrême violence de certains agissements, mes limites personnelles, mes conditions de travail parfois harassantes. Au moins ai-je essayé, pour rester digne de la robe que je porte.

Parce que nous ne sommes pas des robots, nous ne sortons pas indemnes de certaines affaires. La compassion ressentie pour des victimes ou même des criminels peut hanter très longtemps.

Aujourd'hui encore, alors que le crime remonte à l'époque où j'étais juge d'instruction à Épinal, entre 1980 et 1986, je pense régulièrement à cette femme, âgée à l'époque d'une quarantaine d'années, qui en paraissait au moins dix de plus, qui avait vécu le martyre avec un compagnon qui lui infligeait les pires sévices sexuels, de l'ordre de l'indicible. Après plusieurs tentatives pour se débarrasser de lui, en mélangeant notamment du verre pilé dans sa purée ou de la mort-aux-rats dans un plat de lentilles, elle avait réussi son coup en l'endormant avec le contenu d'une boîte d'un médicament antidépresseur, dont elle avait broyé les comprimés et versé la poudre dans le potage. Ne « se sentant pas bien », l'individu était allé se coucher. Une fois endormi, la malheureuse lui avait fendu le crâne avec une hachette fournie par la voisine. Les deux fils de celle-ci l'avaient ensuite aidée à transporter en voiture le cadavre pour le balancer dans un puits à la sortie du village. Le crime n'avait été découvert que treize mois plus tard car la voisine avait eu le malheur de se confier à son nouveau compagnon. Ce dernier avait aussitôt téléphoné aux gendarmes. Je connaissais bien la victime, un voyou alcoolique, pour l'avoir inculpé et placé en détention pour des cambriolages. Sa disparition ne chagrinait personne. Pour décrire le personnage, je donne un seul détail: j'apprendrai pendant l'instruction qu'il avait un jour violé le fils de la voisine (l'un des deux garçons ayant aidé au transport du cadavre), jeune homme dont il était le père...

Je n'oublierai jamais non plus le témoignage à la barre des assises, à Bourg-en-Bresse, au printemps 2003, d'un homme de 38 ans, au physique de bûcheron, vêtu d'un débardeur en raison de la chaleur ambiante. Dans son enfance, il avait été violé, comme ses deux sœurs, par son père, un chauffeur de bus lyonnais, catholique intégriste, bénéficiant de la plus grande estime de ses employeurs et du petit milieu religieux ultra-intégriste. Ce personnage abject niant les faits (aucune compréhension ou compassion n'est alors possible), son fils avait rétorqué: «Trente ans après, j'ai encore le goût du sperme dans la bouche.»

J'ai même éprouvé de la sympathie pour deux braqueurs, inculpés dans deux dossiers différents, en précisant qu'aucun coup de feu n'avait été tiré lors des vols à main armée. Des garçons intelligents, mais

« branleur » pour l'un (j'avais employé le mot, il en avait reconnu la pertinence), en révolte sociale pour l'autre. Voici quelques années, alors que j'étais en fonction au tribunal d'instance du Mans, je reçus un coup de fil d'un collègue juge d'instruction dans le centre de la France. Il instruisait une affaire de vol à main armée contre le second garçon. Et celui-ci lui avait fait part de ses regrets de ne pas m'avoir écouté quand je lui avais dit que, vu son niveau intellectuel, il ferait mieux de rentrer dans le droit chemin…

Enfin, l'âge et l'expérience ont induit dans mon cas un effet pervers : la tentation de tout voir en noir. Si je ne stigmatise jamais en privé les personnes de telle race ou de telle religion au motif qu'elles sont surreprésentées devant les tribunaux correctionnels, j'avoue qu'en revanche, même si j'avais l'argent nécessaire, je n'investirais pas dans l'immobilier locatif. À force de juger des locataires défaillants dans le règlement des loyers, j'imagine qu'une majorité de locataires sont des mauvais payeurs, ce qui ne correspond pas à la réalité.

En définitive, je ne tire qu'une leçon de mon parcours professionnel, qui a bouleversé ma vie personnelle. Pour paraphraser la célèbre chanson écrite par Jean-Loup Dabadie pour Jean Gabin : je dirai que la vérité, le mensonge, le vrai, le faux, l'équité, l'iniquité, je sais que je ne sais (presque) rien.

En revanche, je sais que des auteurs de crimes ou de délits resteront impunis, et que des innocents seront encore condamnés.

Je reviens à Johnny B. pour conclure ce chapitre. La cour d'assises a mis fin à une injustice, les tourments vécus par un innocent dans l'attente de son jugement et son angoisse d'être broyé par l'appareil judiciaire. Mais elle a ouvert la porte à une nouvelle injustice, à peine moins cruelle.

La justice les a tuer

Quand la justice brise des existences, son devoir ne serait-il pas d'aider les victimes à se reconstruire totalement, sur tous les plans: matériel bien entendu, mais également moral? Elle préfère leur infliger de nouvelles déconvenues par la voix des plus hauts magistrats du pays. À croire que l'injustice sous-tend toujours l'acte de juger, de la base au sommet de la hiérarchie…

Il serait temps que nos parlementaires remettent de l'ordre dans un système qui s'apparente trop à de la simple charité, avec toute la connotation de mépris que ce terme implique.

Johnny B. a reçu de l'État, *via* le compte Carpa (Caisse autonome de règlement pécuniaire des avocats) de son avocat, un chèque de 41 853,80 euros en réparation du préjudice causé par 25 mois de détention provisoire. Il réclamait 40 000 euros au titre de son préjudice moral et 23 868 euros calculés modestement sur la base mensuelle du RMI, au titre de son préjudice matériel, outre le remboursement de ses frais d'avocat, ramenés en cours de procédure à 1 550 euros hors taxes (1 853,80 euros TTC). Le premier président de la cour d'appel d'Angers a par ordonnance du 29 novembre 2009 fait droit à sa demande au titre du préjudice moral mais a rejeté sa demande au titre du préjudice matériel aux motifs suivants : « Considérant que M. B. ne verse aucune pièce aux débats établissant qu'il a subi des pertes de salaires pendant son incarcération ; qu'il ne justifie d'aucun emploi, ni avant son incarcération, ni depuis son élargissement ; qu'il n'établit pas qu'il aurait pu percevoir le RMI ; que, dans ces conditions, sa demande d'indemnisation à ce titre sera rejetée. »

Il a eu « moins de chance » que Loïc Sécher, cet ouvrier agricole qui a passé 7 ans et 3 mois derrière les barreaux, après avoir été condamné à 14 ans de réclusion criminelle en 2003, peine portée à 16 ans en 2004, pour des viols commis sur sa voisine, alors mineure. La jeune victime, devenue adulte, s'est rétractée en 2008. Recours en révision, suivi d'un nouveau procès et d'un acquittement en juin 2011. Loïc Sécher a perçu 197 352 euros en réparation de son préjudice matériel et 600 000 euros pour son préjudice moral, soit au total près de 800 000 euros alloués par le premier président de la cour d'appel de Rennes le 25 septembre 2012.

Comment ne pas être choqué par ces deux exemples qui heurtent le principe d'égalité ? Sans parler du fait que la justice a traité ces malheureux en véritables parias jusqu'à la dernière étape de leur parcours judiciaire, au lieu de leur tendre une main fraternelle.

La loi est censée réparer le préjudice causé à un innocent par sa détention avant un non-lieu, une relaxe ou un acquittement. Ce préjudice n'est-il pas le même pour un petit délinquant (le casier judiciaire de Johnny B. mentionnait six condamnations entre 1997 et 2006, essentiellement pour des faits de vols sans violences) accusé à tort d'un crime que pour un citoyen lambda pris par erreur dans la nasse judiciaire? Seule la durée de la détention devrait influer sur l'indemnisation. Je ne trouve aucune logique dans la comparaison des 40 000 euros alloués à Johnny B. au titre de son préjudice moral pour 25 mois de détention injustifiée, sinon le souci de son avocat de coller aux sommes habituellement allouées et des 600 000 euros accordés à Loïc Sécher pour son préjudice moral suite aux 7 ans et 3 mois passés à tort derrière les barreaux. Je l'affirme, des considérations morales déplacées alimentent souvent la profonde injustice consistant à barguigner sur la réparation de l'une des pires tragédies que peut connaître un être humain.

Et, sans même tenir compte des personnalités, les malheureux s'exposent à la loterie, suivant le magistrat devant qui est portée la demande. Un seul exemple, tiré d'un rapport de l'association Ban Public, consultable sur Internet: le premier président de la cour d'appel de Paris a alloué en moyenne pour les années 2001 et 2002 une somme de 4 933 euros pour réparer les préjudices moraux, quand son collègue d'Aix-en-Provence a accordé 7 990 euros pour les mêmes années...

Le législateur était pourtant animé des meilleures intentions depuis quelques décennies.

Jusqu'à la loi du 17 juillet 1970, le pauvre innocent qui passait un temps plus ou moins long derrière les barreaux pouvait s'estimer heureux lorsqu'il recouvrait la liberté suite à un non-lieu, une relaxe ou un acquittement. L'air frais devait suffire à son bonheur. L'État n'allait quand même pas s'excuser et le dédommager financièrement!

La loi du 17 juillet 1970 a donc mis fin à cette injustice. Elle réparait une détention injustifiée à la seule condition cependant que la personne innocentée apporte la preuve « d'un préjudice anormal et d'une particulière gravité ». Comme si le seul fait d'être enfermé à tort pendant quelques semaines, mois ou années ne constituait pas à lui seul un *préjudice anormal et d'une particulière gravité*! Un tout petit pas en avant a été réalisé par une loi du 30 décembre 1996 qui a supprimé ces conditions d'anormalité et de particulière gravité pour ne plus exiger que la seule preuve d'un préjudice. Progrès ridicule, car toute détention injustifiée ne cause-t-elle pas un préjudice? La réparation, en forme d'aumône (entre 6 000 et 9 000 euros en moyenne suivant les années), était accordée par la Commission nationale d'indemnisation en matière de détention provisoire, composée de trois magistrats de la Cour de cassation.

Les débats étaient oraux et la présence du public interdite. La justice était toujours rendue au nom du peuple français, mais pas question de l'inviter sous les lambris. La commission statuait par une décision non motivée, qui n'était susceptible d'aucun recours.

On ne saurait mieux dire de quelle manière on considérait les victimes d'erreurs judiciaires. La justice se comportait en dame patronnesse qui voulait bien consacrer quelques heures à ses œuvres de charité, mais pas question de se salir les mains au contact des gueux et des miséreux. Elle gardait ses distances. Que penser en effet d'une émanation de la plus haute juridiction française qui n'était pas obligée de motiver ses décisions, en violation du principe posé par l'article 455 du Code de procédure civile, qui énonce justement que toute décision doit être motivée ? Or l'article 149-2 du code de procédure pénale précisait que la commission « a le caractère d'une juridiction civile ». Suivant quels critères fixait-elle l'indemnisation ? On l'ignore. Les plus hauts magistrats n'avaient de compte à rendre à personne puisque leur décision n'était susceptible d'aucun recours.

Il fallait se tourner vers les médias pour obtenir quelques informations, les décisions de la commission n'étant bien entendu pas publiées dans les gazettes spécialisées. Voici quelques chiffres glanés ici et là dans la presse : 600000 francs à un propriétaire de cliniques à Marseille pour deux années d'emprisonnement, acquitté aux assises alors qu'il était accusé d'avoir commandité les assassinats de deux concurrents (il estimait son préjudice à 90 millions de francs !) ; 450000 francs à un homme injustement soupçonné d'un crime pour 6 mois de prison ; 450000 francs encore à un autre malheureux condamné pour vol à main armée et qui avait passé, lui, 6 ans derrière les barreaux ! Un avocat de Bordeaux mis à tort en examen pour escroquerie avait perçu 40000 francs pour 6 jours de détention.

L'indemnisation record revenait à une jeune ouvrière, qui avait obtenu, en juillet 1995, 410000 francs (soit environ 60000 euros) pour onze jours de détention avant son non-lieu, près de huit années après son inculpation. Il est vrai que l'affaire avait été outrageusement médiatisée. Un critère que, par la suite, les plus hauts magistrats ignoreront superbement. Le 15 février 2008, le premier président de la cour d'appel d'Aix-en-Provence accordera à Éric Vigne, mis en examen pour le meurtre de son épouse, Lolo Ferrari, la somme de 30 280 euros (dont 22 860 au titre de la réparation du préjudice moral) alors qu'il avait passé 13 mois en détention provisoire avant de bénéficier d'un non-lieu. Dieu sait pourtant que le fait divers avait fait couler de l'encre à l'époque… Mais là encore, des considérations morales n'ont-elles pas pollué la décision ? Le monde du sexe et de la nuit sent le soufre… J'ai parfois noté que la morale judéo-chrétienne imprègne encore de nombreux magistrats, enclins au puritanisme. Pas question en privé de raconter des blagues un tantinet grivoises…

Ces quelques chiffres donnent le tournis et créent un terrible malaise. L'arbitraire le plus complet paraissait présider aux décisions de la commission.

Les lois du 15 juin et du 30 décembre 2000 étaient censées mettre un terme à ces errements. Hélas, les profondes modifications qu'elles ont introduites risquent de renforcer l'amertume ou l'aigreur des détenus innocentés par la suite.

Les principes sont pourtant beaux et louables. Que prévoient-ils pour l'essentiel ?

Les personnes qui ont fait l'objet d'une détention provisoire au cours d'une procédure terminée par une décision de non-lieu, de relaxe ou d'acquittement devenue définitive ont droit, à leur demande, à la réparation *intégrale* du préjudice moral et matériel que leur a causé cette détention. Cette réparation *intégrale* est allouée par le premier président de la cour d'appel dans le ressort de laquelle a été prononcée la décision. Un recours est possible dans les dix jours devant la Commission nationale de réparation des détentions (nouvelle appellation de la Commission nationale d'indemnisation), composée de trois magistrats de la Cour de cassation. Les débats sont désormais publics et les décisions doivent être motivées. La loi du 30 décembre 2000 prévoit cette même réparation au profit des condamnés reconnus innocents après une procédure en révision. Un beau progrès certes, mais qui ne met pas toujours fin au système de l'aumône.

J'insiste volontairement sur le terme « réparation intégrale ». Les articles 149 et 626 du Code de procédure pénale sont d'ailleurs, me semble-t-il, mal rédigés car le préjudice matériel et le préjudice moral sont totalement distincts. Passons... Si les deux seuls exemples cités au début de ce chapitre permettent de comprendre que si la réparation du préjudice moral obéit à des raisons que la raison ignore, j'y reviendrai, on pourrait penser que celle du préjudice matériel ne soulève aucune difficulté. Si la personne innocentée travaillait avant son incarcération, il suffirait de calculer son préjudice sur la base de son salaire. Si elle était au chômage ou ne justifiait pas avoir travaillé dans les années précédant l'incarcération, la réparation serait calculée à partir des indemnités Assedic ou du RSA. Un « minimum syndical »... La réalité est, hélas, plus complexe.

Car un personnage a son mot à dire dans cette histoire : l'agent judiciaire du Trésor.

Comptable des deniers publics, celui-ci n'entend pas jeter par la fenêtre l'argent des contribuables et veille à ce que les victimes d'erreurs judiciaires ne profitent pas de leurs malheurs pour s'enrichir par le biais de l'indemnisation du préjudice moral, apprécié forcément de manière subjective. Dans le cas de Loïc Sécher, l'avocat de l'agent judiciaire du Trésor a osé dire à l'audience : « Nous sommes dans une rigueur budgétaire extraordinaire », pour demander la réduction du préjudice moral à 500 000 euros. En lui allouant 600 000 euros, le premier président n'a pas vidé les caisses de l'État.

Sitôt son innocence reconnue, la personne détenue à tort doit s'armer de patience avant de toucher son chèque.

Dès la réception de sa requête en réparation de ses préjudices rédigée par son avocat, la demande est envoyée par le greffe de la cour d'appel à l'agent judiciaire du Trésor, qui a deux mois pour rendre ses conclusions, lesquelles sont transmises au procureur général pour que celui-ci dépose à son tour ses écritures. Et, point essentiel de la procédure : une fois que le premier président a rendu son ordonnance, le fonctionnaire de Bercy peut former un recours devant la Commission nationale de réparation des détentions. C'est dire si le haut magistrat ne dispose que d'une marge de manœuvre très étroite ! Pas question pour lui de céder à la compassion ! Il doit plutôt se livrer à des comptes d'apothicaire pour calculer au plus juste le montant de l'indemnité.

Si la crise économique est aujourd'hui un alibi commode pour mégoter sur le montant des indemnités, l'Histoire montre que l'État a toujours rechigné à indemniser correctement les personnes qui ont été détenues à tort. En versant parfois dans le sordide.

L'agent judiciaire du Trésor n'était pas satisfait d'une décision du premier président de la cour d'appel d'Angers du 4 juin 2003, qui avait alloué notamment la somme de 18751,23 euros « pour perte de chance de rechercher et de trouver un emploi pendant la détention » à un garçon détenu du 26 novembre 1997 au 24 mars 2001, et avait donc exercé un recours devant la Commission nationale de réparation des détentions, ainsi d'ailleurs que l'intéressé. La commission a ramené par décision du 5 avril 2004 l'indemnité à 12500 euros, conformément à l'offre de l'agent judiciaire du Trésor, aux motifs suivants :

« *Attendu que si M. X. demande l'indemnisation intégrale des revenus que lui aurait procuré l'exercice habituel de son activité de rempailleur de chaises, l'agent judiciaire du Trésor soutient pour sa part que les rémunérations provenant d'un travail dissimulé n'ouvrent pas droit à réparation ;*

Attendu que les éléments du dossier ne permettent d'établir ni la réalité de l'activité prétendue, ni le montant des ressources qu'il en aurait tirées ; qu'en revanche, compte tenu de son âge et de la longue détention, M. X., qui avait exercé des emplois salariés avant son incarcération, a perdu une chance de rechercher et de retrouver un emploi qui justifie l'indemnité de 12500 euros... »

On l'aura compris : pas question de compter sur les plus hauts magistrats du pays pour flouer l'État d'un seul centime d'euro. Si on est victime d'une erreur judiciaire, mieux vaut être fonctionnaire ou salarié depuis des années dans la même entreprise que rempailleur de chaises, ce « travail dissimulé », exercé généralement par des personnes originaires de la communauté des gens du voyage. Le calcul au plus juste de la réparation du préjudice s'étend aux moindres détails. Ainsi, dans une décision du 23 octobre 2006, la Commission nationale a considéré que « les frais de cantine dont le requérant demande le remboursement ne peuvent être pris en compte dès lors qu'ils auraient également été engagés pour son entretien courant en dehors du milieu carcéral ». Le malheureux aurait dû se contenter de l'ordinaire…

Je reviens à la décision de la commission du 5 avril 2004. Elle a alloué au « rempailleur de chaises » la somme de 24 600 euros en réparation de son préjudice moral au motif que « l'extrême médiatisation du procès invoquée par M. X. pour l'évaluation de son préjudice moral n'a pas à être prise en compte dès lors qu'elle n'était pas en relation directe avec la détention ». Les acquittés d'Outreau auraient-ils bénéficié de sommes restées confidentielles mais estimées pour chacun à quelques centaines de milliers d'euros si les procès de Saint-Omer et de Paris n'avaient pas fait l'objet d'une couverture médiatique hors du commun ? Notre « rempailleur de chaises » aurait-il été moins bien traité que les autres accusés s'il avait été poursuivi dans cette affaire ? L'agent judiciaire du Trésor aurait-il conclu à la diminution de la somme allouée par le premier président de la cour d'appel d'Angers du 4 juin 2003 ? Je rappelle aussi que l'homme a passé tout de même 3 ans et 5 mois en prison avant d'être innocenté...

Nous entrons au cœur de l'injustice dont sont victimes les détenus à tort lorsqu'il s'agit de réparer leur préjudice moral. Si le préjudice matériel peut donner lieu à certaines contorsions de la plume pour ratiboiser au maximum (comme si les plus hauts magistrats de l'autorité judiciaire devaient payer de leurs deniers les erreurs de l'institution !), on cherchera en vain une quelconque logique avec le préjudice moral. Nous sommes par définition sur le terrain de l'affectif et de l'appréciation subjective, une dimension qui rappelle ces dames patronnesses d'antan qui prodiguaient leur temps et leur argent suivant des règles dont elles n'avaient de comptes à rendre à personne.

Pour illustrer mon propos, je voudrais évoquer le cas d'un magasinier, M. Roger X., accusé à tort de viols sur mineurs de 15 ans, et détenu du 4 avril 2002 au 11 décembre 2003. Il réclamait 500 000 euros pour son préjudice moral. L'agent judiciaire du Trésor proposait royalement 25 000 euros et le ministère public, guère plus généreux, suggérait 35 000 euros. Réponse du premier président de la cour d'appel d'Angers le 11 octobre 2006 : « *Considérant que M. X., qui n'avait jamais été incarcéré, a subi une détention de 20 mois et 7 jours ; qu'il a été éloigné de sa famille et notamment de son épouse et de deux de ses enfants majeurs qui vivent encore à son domicile ; que le soutien moral que sa famille pouvait lui apporter a nécessairement été altéré par cet éloignement ;*

que les très nombreuses lettres qu'il a écrites à son avocat pour lui demander de "le faire sortir" et lui faire part de son incompréhension face à son incarcération mettent en évidence le désarroi moral dans lequel il est demeuré pendant sa détention; qu'eu égard à ces éléments, à son âge lors de l'incarcération (52 ans), aux conditions de vie difficiles qu'il a nécessairement connues en raison de la nature des faits qui lui étaient reprochés et de la durée de la détention, le préjudice moral très important subi par M. X. sera réparé par la somme de 70000 euros. »

Après des attendus soulignant sans la moindre réserve l'importance du préjudice moral, ne pouvait-on pas s'attendre à une réparation plus généreuse?

À mon tour de me livrer à un très bref compte d'apothicaire. Le préjudice moral de M. Roger X. a été réparé à hauteur d'une moyenne mensuelle d'environ 3500 euros, celui de Loïc Sécher de près de 6900 euros. Or tous les deux étaient accusés de viols sur mineurs de 15 ans, et ces deux quinquagénaires exerçaient respectivement les professions de magasinier et d'ouvrier agricole, qui n'exigent pas une flopée de diplômes. Je ne vois d'ailleurs aucune raison pour que le quotient intellectuel soit pris en considération pour la réparation de ce préjudice. Certes le contexte des deux affaires est différent. M. Roger X. a été libéré en cours de procédure, alors que Loïc Sécher a été condamné à deux reprises: 14 ans de réclusion criminelle en 2003, peine portée en appel à 16 ans en 2004. On peut d'ailleurs s'interroger là encore sur son sort si la prétendue victime ne s'était pas rétractée... Par ailleurs, le fondement juridique est différent, puisque M. Roger X. a été indemnisé dans une procédure qui s'est terminée par un acquittement (article 149 du Code de procédure pénale), alors que Loïc Sécher a été innocenté suite à l'annulation de sa condamnation (article 626). L'un a obtenu la réparation des conséquences de sa détention, l'autre de celles de sa condamnation. Mais tout de même... Les tourments vécus par une personne qui se sait innocente ne sont-ils pas identiques dès lors qu'elle se retrouve derrière les barreaux ? On pourra me rétorquer que M. Roger X. pouvait toujours espérer que son innocence serait reconnue, alors que Loïc Sécher avait probablement perdu tout espoir. Mais l'inverse n'est-il pas tout aussi vrai ? Dès que le mandat de dépôt dans une affaire repose sur les accusations d'une seule victime prétendue, personne ne peut prédire la suite du dossier.

Cette différence de régime entre les réparations d'une détention et celles d'une condamnation crée d'autres injustices profondes. Dans le cas d'une détention, le préjudice subi par les proches n'est pas réparable, alors qu'il l'est pour celui des membres de la famille d'un condamné. Or là encore la souffrance d'une épouse et des enfants n'est-elle pas la même ? Il convient en effet de mettre fin à une hypocrisie : le placement en détention repose sur une présomption de culpabilité (la présomption d'innocence relevant plus de la motion de principe que de la réalité). Dès lors, il convient de réparer TOUTES les conséquences de cette détention, et pas seulement celles liées au choc carcéral, comme le rappellent régulièrement de multiples décisions.

Lequel choc carcéral donne parfois lieu à des subtilités incompréhensibles, les hauts magistrats jugeant par exemple que « les périodes d'incarcération déjà effectuées en exécution de condamnations successives ont nécessairement pour incidence de minorer les répercussions morales d'un nouveau placement en détention ; il convient donc d'en tenir compte pour l'évaluation du préjudice moral subi » (CNR détentions, 4 avril 2003). Dieu merci, les mêmes magistrats de la Cour de cassation sont revenus par la suite sur leur position : « Le choc psychologique enduré par la personne en raison de l'importance de la peine encourue pour un crime dont elle se savait innocente n'est pas amoindri par des incarcérations antérieures subies à l'occasion de procédures correctionnelles. » (CNR détentions, 21 octobre 2005.) Mais une autre décision rendue le même jour rappelle que « l'évaluation du préjudice moral doit tenir compte de l'intensité du choc psychologique occasionné par la détention en fonction de la personnalité de l'intéressé ».

Plus récemment, deux décisions de la Commission nationale de réparation des détentions, toutes les deux du 25 juin 2012, ont tenu compte de l'état misérable de nos établissements pénitentiaires. La première pour porter de 9000 à 15000 euros le préjudice moral d'un détenu acquitté par la cour d'assises, l'homme ayant passé huit mois à Fleury-Mérogis, « dont la vétusté et le taux d'occupation élevé » avaient été dénoncés dans deux enquêtes parlementaires, la commission estimant « que ces conditions de détention, que M. X a nécessairement subies à titre personnel, doivent être prises en considération dans l'appréciation du préjudice moral qu'elles ont nécessairement contribué à aggraver ». Le quinquagénaire réclamait 30900 euros... Le même jour, elle a alloué 12400 euros pour une détention injustifiée de près de sept mois au « Camp Est » à Nouméa, un « établissement dont l'insalubrité et le taux d'occupation particulièrement élevé ont été constatés par le contrôleur général des lieux de privation de liberté ».

Je pourrais bien entendu multiplier les exemples de ces incohérences démontrant à mon avis qu'on n'a pas quitté le système de l'aumône et de l'arbitraire. En 2011, les premiers présidents des 36 cours d'appel ont alloué au total 8,43 millions d'euros aux 447 victimes de détention injustifiée qu'ils ont indemnisées, et la Commission nationale a versé 2,28 millions d'euros à 55 victimes, soit au total 10,71 millions d'euros (source : *Les Chiffres clés de la justice 2012*). Une toute petite goutte d'eau dans le budget de l'État.

Après les tourments vécus par tous ces détenus innocents, n'ont-ils pas droit à une sécurité juridique absolue accompagnée d'une réparation substantielle leur permettant de se reconstruire sur tous les plans ? M. Roger X. a perçu au total la somme de 112404 euros pour plus de 20 mois de détention injustifiée, préjudices matériel et moral confondus, alors que son incarcération avait entraîné son licenciement et qu'à l'approche de la soixantaine il n'avait aucune chance de retrouver du travail. Son préjudice matériel a été calculé au plus juste, et la somme octroyée au titre du préjudice moral (70000 euros) ferait hurler de rire plus d'un footballeur professionnel.

Une réforme s'impose.

Elle consisterait d'abord à réparer sans mégoter le préjudice matériel. Diverses décisions de la Commission nationale de réparation des détentions, saisies probablement sur recours de l'agent judiciaire du Trésor ou peut-être même du détenu innocenté après rejet de la demande par un premier président, ont d'ailleurs rappelé par exemple «*qu'en cas de licenciement motivé par la détention provisoire, le temps normal nécessaire pour retrouver un emploi compte tenu de l'âge et de la profession de l'intéressé doit être pris en compte pour l'évaluation du préjudice matériel*» (CNR détentions, 6 février 2004) ou que «*doivent être ajoutées aux salaires nets qui auraient été perçus pendant la période de détention une indemnité pour les congés payés correspondant à la période de détention ainsi qu'une indemnité prenant en compte la perte des cotisations nécessaires à la constitution des points retraite*» (CNR détentions, 20 février 2006). Cela paraît d'une telle évidence ! Il conviendrait donc de faire droit entièrement aux demandes, sauf à ce que le ministère public démontre leur caractère manifestement abusif. Ce qui ne me paraît pas être le cas pour ces frais de cantine déjà évoqués dont le remboursement a été rejeté. La décence commande un minimum de respect de la victime d'une détention injustifiée.

Concernant le préjudice moral, ne devrait-il pas être réparé sur la même base pour tous les détenus innocentés ? N'est-il pas identique en effet pour tous ? Rappelons-nous notre enfance. Que l'on ait été un enfant calme ou chahuteur, un élève brillant ou médiocre, n'avons-nous pas souffert pareillement d'accusations portées à tort, voire d'un fait banal vécu pourtant comme une injustice ? Une anecdote personnelle illustre cette interrogation. Lorsque j'étais au lycée, j'étais le seul de toutes les classes de sixième moderne à avoir obtenu le prix d'excellence. Lors de la remise des prix, au grand théâtre de Limoges, je me réjouissais en attendant mon tour d'entendre le dignitaire de l'éducation nationale égrener au micro: « Premier prix d'honneur: untel. » Cinq fois, il répéta la phrase. J'allais bientôt me distinguer du lot! Hélas, probablement par lassitude, l'éminent fonctionnaire m'appela à monter sur scène après avoir annoncé un « premier prix d'honneur ». Ma déception fut énorme. Cinquante ans après, je m'en souviens encore... Les épreuves de la vie n'atténuent pas dans notre vie d'adulte la rage que cause une injustice, fût-elle anodine. Alors, que l'on soit rempailleur de chaises, ouvrier agricole, magasinier, médecin, jeune ou âgé, que l'incarcération soit une découverte ou que l'on connaisse déjà le monde carcéral, être enfermé entre quatre murs pour des crimes ou des délits que l'on n'a pas commis ne peut que causer une souffrance abominable, qui doit dès lors être réparée pour tous de la même manière.

Je suggère un mode de calcul très simple. Pourquoi ne pas réparer sur la base du traitement du premier président de la Cour de cassation, le plus haut magistrat de l'ordre judiciaire? Un traitement mensuel d'environ 10000 euros. Cela marquerait une réelle solidarité entre les victimes d'erreurs judiciaires et celui qui symbolise l'institution. Lesquelles victimes auraient en plus le sentiment d'avoir été traitées de la même manière, sans la moindre trace de considérations morales en forme de non-dits, voire de mépris. Le 6 novembre 2012, le premier président de la cour d'appel de Paris a accordé en réparation de leur préjudice moral la somme de 90 000 euros chacun à deux Somaliens, détenus pendant 4 ans et 2 mois avant d'être acquittés en juin 2012 dans l'affaire de la prise d'otages sur le voilier *Le Ponant*. Leurs avocats réclamaient 450 000 euros. Pourquoi ces deux jeunes pêcheurs de 32 et 28 ans auraient-ils moins souffert de leur incarcération que Loïc Sécher ou que Roger X. ? Parce qu'ils viennent d'un pays du tiers-monde ? Parce qu'ils vivaient à l'automne 2012 dans un foyer pour demandeurs d'asile en Seine-Saint-Denis ?

L'application d'un « tarif » mettrait fin à des jugements de valeur qui n'ont pas leur place dans ces procédures.

Une autre réforme s'impose : la disparition pure et simple dans la procédure de l'agent judiciaire du Trésor. Plus exactement : que son rôle soit limité à signer le chèque. Quelle légitimité possède en effet ce fonctionnaire dans l'évocation de véritables tragédies humaines ? D'autant que les sommes allouées ne mettent jamais en péril les finances publiques et, surtout, restent ridicules dans l'échelle des valeurs contemporaines. Les 797 352 euros alloués à Loïc Sécher ne correspondent-ils pas peu ou prou au revenu mensuel d'un footballeur de très haut niveau ?

Mais la réparation du préjudice ne doit pas s'arrêter aux seules questions financières.

Une fois qu'elle a fixé l'indemnisation, la justice se lave les mains des suites de la décision et renvoie la victime à son désarroi.

Loïc Sécher est l'incarnation de ce mépris. Il a accordé une interview au quotidien *Ouest-France* le

13 novembre 2012, une semaine après avoir reçu dans sa boîte aux lettres un chèque de 670000 euros (où sont passés les presque 130000 euros de différence ?). Voici notamment ce qu'il déclare : « Cet argent ne vaut pas tous ces jours en prison. Ce ne sont pas les chiffres qui m'intéressent. C'est leur signification. Je ne sais même pas comment ils ont fait pour calculer cette somme... Ceux qui ont la chance de gagner au Loto ont des conseillers. Moi, je n'ai rien. Je ne suis pas capable de lire les contrats entre les lignes. Les banquiers veulent faire du business avec mon argent. Mais attention, je ne signerai pas n'importe quoi... Je suis à bout. Je ne sais plus quoi faire. Il y a bien Michel (l'ami qui l'héberge). Mais il ne peut pas tout faire, ce n'est pas le bon Dieu. »

Une précision épouvantable : en avril 2010, à sa sortie de prison, Loïc Sécher pesait 73 kg. En novembre 2012, son poids était descendu à 63 kg... « Ma tension baisse. Je n'arrive pas à remonter la pente. Je n'ai plus d'envies, si ce n'est retrouver un peu de sagesse. » On ne saurait mieux traduire le désarroi d'un homme broyé par l'appareil judiciaire puis renvoyé à sa solitude, réduit à l'époque à consulter un ostéopathe et un psychiatre pour tenter de se reconstruire.

Il me paraît indispensable de créer un accompagnement social pour toutes les victimes de l'institution. Rien d'extravagant ni de coûteux. Il suffirait d'ouvrir un service d'accueil auprès de chaque cour d'appel, qui répondrait aux demandes des détenus innocentés, avant de les orienter suivant les besoins vers des professionnels compétents, dont l'engagement altruiste serait l'un des critères de sélection. Cette véritable main tendue permettrait à ceux qui restent des parias de trouver un emploi ou un logement décent, de placer au mieux l'argent reçu de l'État, d'être, pourquoi pas, conseillés sur une éventuelle création d'entreprise. Le soutien passerait également par la prise en charge des diverses démarches administratives et, bien évidemment, de tous les soins destinés à rétablir une santé physique et mentale passablement abîmée par la détention. Bref, la mise en œuvre complète des moyens devant aider les nouveaux *intouchables* à trouver dans la société la place qui leur revient de plein droit.

Quand ces malheureux marcheront fièrement dans la rue, ce jour-là seulement, la justice n'aura plus à rougir de ses très humains mais coupables égarements.

Victime un jour, victime toujours...

Mes diverses fonctions tout au long de ma carrière m'amènent aujourd'hui à ce terrible constat: il ne fait pas bon avoir la qualité de victime. Combien de dizaines, voire de centaines, de milliers de justiciables partagent mon opinion? Mais trop isolés, trop fragiles et souvent mal armés sur un plan socioculturel, qui entend leur désarroi?

Les plus hauts magistrats de l'autorité judiciaire commettent donc parfois de cruelles injustices envers les victimes de l'institution, privées de liberté pendant un temps plus ou moins long.

Nous devons redescendre de plusieurs crans dans la hiérarchie pour voir le sort qui est réservé à une autre catégorie de victimes, qui elles aussi avaient pourtant placé tous leurs espoirs dans la justice pour voir réparer leurs préjudices: celles qui ont subi une atteinte dans leur chair ou dans leurs biens à la suite d'une infraction pénale.

Et cette fois, j'en ai été à de multiples reprises le témoin honteux et un acteur obligé, en ma qualité d'assesseur à la commission d'indemnisation des victimes d'infraction pendant une bonne dizaine d'années, quand j'exerçais mes fonctions de juge à Bourg-en-Bresse.

Il arrive parfois que les audiences correctionnelles ne fassent que des heureux. Les prévenus parce qu'ils ont bénéficié de peines d'emprisonnement assorties d'un sursis simple ou, contre toute attente, d'un sursis avec mise à l'épreuve dont leur casier aurait dû les priver, et les victimes parce qu'elles ont obtenu la réparation de leurs préjudices. Le tribunal leur a en effet alloué des dommages-intérêts correspondant peu ou prou à leurs réclamations.

Quelque temps plus tard, certains sourires de satisfaction sont devenus des rictus d'amertume. Mais que l'on ne se méprenne pas : seules les victimes gardent un souvenir amer de leur parcours judiciaire, car elles n'ont pas reçu un euro sur le montant des indemnités accordées par le tribunal. Les délinquants continuent en revanche de jouir des bienfaits de la liberté et se gaussent du jugement qui les avait condamnés. Leur impécuniosité, réelle ou organisée, les protège des conséquences les plus sévères de la décision des magistrats, réduite du coup à une valeur purement symbolique. Mais il ne faut pas verser dans la caricature. Le sursis avec mise à l'épreuve prévoit en général les obligations d'indemniser la victime et de justifier d'un travail ou de sa recherche. Dans le contexte économique actuel, il n'est pas forcément facile à un garçon sans qualification, dont les trous dans le CV ne s'expliquent que par une incarcération, de décrocher un emploi face à des candidats plus honnêtes.

Certaines victimes ont rémunéré un huissier pour tenter de faire exécuter le jugement, et recouvrer les sommes qui leur sont dues. Les plus heureuses sont celles qui décident d'en rester là si leur débiteur est insolvable. Elles pourront toujours faire encadrer le jugement en guise de souvenir. Mais d'autres ont moins de chance. Pour leur plus grand malheur, elles ont bien retenu les informations données par le tribunal et rappelées dans le jugement sur l'existence de la commission d'indemnisation des victimes d'infraction (CIVI), censée pallier l'impécuniosité des délinquants pour réparer leurs préjudices. Combien de personnes lésées vont alors s'exposer à de nouvelles déconvenues ?

Lesquelles déconvenues leur ouvriront les yeux sur la justice de classe. Pas au sens où on l'entend habituellement. Ce ne sont plus les pauvres qui sont écrasés par un appareil judiciaire au service de la bourgeoisie. Ce sont désormais les « riches » que les textes privent de certains droits, brisant ainsi l'égalité des citoyens devant la loi. Et quels riches ! Le législateur considère comme nantis les gens qui ne peuvent prétendre à l'aide juridictionnelle car leurs ressources mensuelles sont supérieures pour une personne seule à la somme de 1 404 euros, suivant le barème en vigueur en 2014.

Combien de victimes d'infractions ont ainsi perdu toutes leurs illusions sur la justice ? Juste un chiffre, pour donner un ordre de grandeur : en 2011, 23 177 décisions ont été rendues par les CIVI, indemnisant les victimes d'infractions pour un montant total de 246,80 millions d'euros (source : *Les Chiffres clés de la justice 2012*).

La loi du 8 juillet 1983 avait pourtant créé les CIVI pour assurer une indemnisation plus rapide et moins aléatoire des victimes quand les auteurs des faits étaient inconnus ou insolvables.

Après une loi du 9 septembre 1986 prévoyant l'indemnisation des victimes des actes de terrorisme et créant un fonds de garantie pour financer cette indemnisation, la loi du 6 juillet 1990 a regroupé les deux catégories de victimes, le fonds de garantie devant à l'arrivée signer le chèque pour les sommes allouées par les CIVI. Ce fonds est donc l'équivalent pour les victimes d'infractions de l'agent judiciaire du Trésor pour les victimes de détention injustifiée. Cette observation n'est pas anodine. On verra bientôt que le fonds de garantie sait lui aussi avoir les doigts crochus…

Par la suite, d'autres lois (16 décembre 1992, 15 juin 2000, 9 mars 2004, 27 mai 2005, 1er juillet 2008) ont élargi les catégories de victimes susceptibles d'être indemnisées par les CIVI et ont amélioré leur sort.

Que prévoient pour l'essentiel les textes ?

Suivant l'article 706-3 du Code de procédure pénale, toute personne ayant subi un préjudice résultant d'une infraction peut obtenir la réparation intégrale des dommages qui résultent des atteintes à la personne lorsque les faits ont entraîné la mort, une incapacité permanente ou une incapacité totale de travail (ITT) égale ou supérieure à un mois, ou sont prévus et réprimés par les articles 222-22 à 222-30 du Code pénal (agressions sexuelles, viols) ou 227-25 à 227-27 (atteintes sexuelles sur un mineur de 15 ans), étant cependant précisé que la réparation peut être refusée, ou son montant réduit, à raison de la faute de la victime.

D'entrée de jeu, la loi pose des limites qui laissent perplexes.

Toutes les personnes blessées lors d'une agression n'ont pas droit à réparation par une commission d'indemnisation des victimes. Leur ITT doit être égale ou supérieure à un mois. Or, dans le contexte économique actuel, combien de travailleurs salariés demanderont à leur médecin de ne pas leur prescrire un arrêt de travail d'une telle durée par crainte de perdre leur emploi ou une partie non négligeable de leur chiffre d'affaires même si ITT et arrêt de travail sont théoriquement distincts ? Ils découvriront après le jugement de leur agresseur que ce scrupule risque fort de les priver de toute indemnisation... Une loi du 1er juillet 2008 leur a bien ouvert une porte. Mais au prix de nouvelles tracasseries qui en décourageront plus d'un. J'y reviendrai.

Le législateur a cependant prévu que les CIVI indemnisent ces malheureux lorsque leur ITT est inférieure à un mois. Certes, mais à la condition que l'infraction les ait plongés dans une situation « psychologique » ou matérielle grave et que leurs ressources soient inférieures au plafond permettant d'obtenir l'aide juridictionnelle partielle (1 404 euros en 2014).

J'ai été témoin à de multiples reprises des profondes injustices qu'engendrent ces deux conditions cumulatives.

Une jeune chômeuse, frappée à coups de poing au visage par son concubin (ITT de dix jours), avait obtenu la condamnation du triste individu à lui payer 1 500 euros de dommages-intérêts. Ce dernier ayant disparu dans la nature, elle avait saisi la CIVI. Nous avons rejeté sa demande, suivant en cela les conclusions du fonds de garantie, en lui disant en substance : « Vous ne travailliez pas au moment des faits, donc vous ne pouvez pas dire que l'absence de réparation par votre ex-compagnon vous a plongée dans une situation matérielle grave. » Ce jour-là, j'aurais aimé pouvoir passer par un trou de souris…

Un étudiant de 19 ans qui travaillait pendant les vacances scolaires à la piscine municipale s'était fait tabasser sans raison par « une bande de jeunes » et avait subi une ITT de vingt et un jours. Profondément traumatisé, il vivait depuis dans la crainte de croiser ses agresseurs dans la rue. Mais comme il habitait chez ses parents, des petits fonctionnaires, nous avions considéré, suivant en cela les conclusions du fonds de garantie, que lui non plus ne se retrouvait pas dans une situation matérielle grave suite à ces violences. Le tribunal correctionnel lui avait alloué 3 000 euros de dommages-intérêts, décision qui avait dû répondre à sa soif de justice. Il n'en verrait jamais la couleur…

Ces deux conditions de ressources et d'aggravation de la situation matérielle ou psychologique du fait de l'absence d'indemnisation sont également exigées pour certaines infractions aux biens : le vol et l'escroquerie. La loi du 15 juin 2000 a ajouté à cette liste d'origine l'abus de confiance, l'extorsion de fonds, la destruction, la dégradation ou la détérioration d'un bien appartenant à la victime. Enfin, depuis la loi du 1er juillet 2008, sont également indemnisées les victimes de la destruction par incendie d'un véhicule terrestre à moteur. Louable souci du législateur de s'adapter à une nouvelle forme de délinquance. Louable également de ne plus exiger de la victime la preuve que le dommage l'a placée dans une situation matérielle ou psychologique grave. Mais pourquoi, en revanche, fermer la porte aux victimes dont les ressources sont cette fois supérieures à 1,5 fois le plafond permettant d'obtenir l'aide juridictionnelle ?

Encore une injustice... Et pourquoi ne pas avoir prévu les délits ajoutés par la loi du 15 juin 2000 dès celle du 6 juillet 1990 ? Résultat : pendant dix ans, les victimes de ces infractions n'ont pas eu accès aux CIVI... Mieux vaut tard que jamais, certes. Mais tout cela sent furieusement le bricolage et le rafistolage.

Ces atteintes aux biens m'ont valu d'être témoin, et surtout acteur, des déboires de pauvres justiciables. Deux cas m'ont marqué.

Une jeune monitrice dans un centre BAFA s'était fait voler son matériel de plongée personnel. Celui-ci était indispensable à son activité. Nous avons rejeté sa demande de réparation en considérant que le vol n'avait pas causé de trouble dans ses conditions d'existence car elle pouvait être affectée à un autre poste.

Une fois de plus, nous nous sommes inclinés devant les conclusions du fonds de garantie. La malheureuse a quitté la salle en pleurant, visiblement écœurée.

On avait dérobé sa moto, d'une valeur de 2800 euros à un garçon de 19 ans, l'auteur du vol n'ayant jamais été identifié. Il nous a dit: « Ma moto était une soupape de sécurité. Je suis bileux, nerveux. Je suis un des rares jeunes de mon quartier qui ne fume pas, qui ne boit pas, qui ne se drogue pas. » Nous lui avons royalement accordé 1 500 euros, alors que le fonds de garantie concluait au rejet.

Voilà à quelles premières aberrations aboutissent les textes ! Je résume : un tribunal correctionnel condamne un délinquant à payer des dommages-intérêts à sa victime. Le voyou ne peut pas ou ne veut pas payer, ou l'auteur du délit est resté inconnu. La victime se souvient alors qu'elle a été informée par la juridiction de sa possibilité de saisir la CIVI, ce qui bien entendu la rassure. Une parenthèse : il a fallu attendre la loi du 15 juin 2000, applicable au 1er janvier 2001, pour que cette information soit rendue obligatoire. Combien de victimes sont restées avant cette date dans l'ignorance de la loi ? Mais, quelque temps plus tard, elle s'entend dire : « Désolé, mais vos blessures ne sont pas suffisamment graves, ou vos revenus sont trop importants puisqu'ils dépassent ceux donnant droit à l'aide juridictionnelle. De plus, vous ne démontrez pas que cette absence d'indemnisation a plombé vos finances. Il vous reste donc vos yeux pour pleurer. »

Les CIVI sont rarement saisies par des grands capitaines d'industrie ou des sportifs professionnels de haut niveau. Ce sont les gens de condition modeste qui fondent en elles leur ultime espoir de récupérer les sommes qui leur reviennent.

Il y a du Courteline dans leur fonctionnement. Dans une de ses pièces de théâtre, l'auteur met en scène un avocat qui, lors d'un procès, défend son client bec et ongles. Il apprend pendant l'audience qu'il est nommé procureur de la République. Il n'a alors pas de mots assez durs pour fustiger son ancien client !

Le président de la CIVI de Bourg-en-Bresse (une commission existe auprès de chaque tribunal de grande instance) était le magistrat qui présidait habituellement le tribunal correctionnel. C'était donc lui qui annonçait aux victimes à l'issue du procès de l'auteur des faits le montant des dommages-intérêts alloués. Quelques mois plus tard, le même magistrat les renvoyait parfois balader ou réduisait de façon drastique les indemnités…

Et nous arrivons à un autre défaut majeur du système : le texte prévoit que la réparation peut être refusée par la CIVI ou son montant réduit lorsque la victime a elle-même commis une faute. En d'autres termes : la justice se déjuge. Juridiquement, il n'y a rien d'aberrant, car la Cour de cassation a rappelé à de multiples reprises que la loi « a institué en faveur des victimes un mode de réparation autonome répondant à des règles qui lui sont propres ». Mais, sur le plan humain, mesure-t-on tous les dégâts que cause le principe ?

Le fonds de garantie est le grand responsable, après le législateur, de cette injustice. Car il ne se prive pas de prétendre qu'une victime a commis une faute limitant ou excluant la réparation de ses dommages, alors pourtant que le tribunal avait exclu toute faute. Il n'y a pas que devant la CIVI de Bourg-en-Bresse que le fonds de garantie remet en cause ce qui a été jugé. Un seul exemple. Le tribunal correctionnel de Paris avait écarté la légitime défense et l'excuse de provocation invoquées par un patron de bar qui avait tabassé un client. Le commerce ayant coulé entre-temps, et son patron étant donc devenu insolvable, la victime des coups et blessures avait obtenu de la CIVI la réparation de son entier préjudice. Deux ans plus tard, la cour d'appel de Paris, statuant sur recours du fonds contre cette décision, a affirmé que la victime avait provoqué le bistrotier et a donc réduit très fortement les indemnités allouées par les premiers juges.

Le fonds de garantie sait trier le bon grain de l'ivraie parmi les victimes, et les juges sont invités à ne pas céder à la compassion ni jeter l'argent par les fenêtres quand il s'agit de réparer leurs préjudices. Le fonds surveille cela de très près...

Il est vrai que ses ressources ne sont pas illimitées. Elles proviennent d'une contribution assise sur les primes ou cotisations des contrats d'assurance sur les biens. Elle est recouvrée par les compagnies et versée à la recette des impôts, déduction faite de 2 % pour « frais d'assiette et de perception ». Son montant est fixé chaque année par arrêté du ministre chargé des Assurances. Elle était de 3,30 euros selon l'arrêté du 24 août 2012. Les sommes redistribuées aux victimes s'élevaient, je le répète, à 246,80 millions d'euros en 2011. Ce n'est pas le Pérou... Et seulement 86 millions ont été récupérés par le fonds de garantie cette même année auprès des personnes condamnées. Il dispose pourtant de multiples moyens d'investigation et de coercition, avec l'aide d'autres administrations. C'est dire l'état d'impécuniosité ou de l'insolvabilité, réelle ou organisée, de la majorité des délinquants. Environ 160 millions d'euros versés aux victimes ne seront jamais récupérés.

Voilà peut-être pourquoi le législateur fait un tri entre les victimes. Je rappelle les deux conditions exigées pour celles qui ont subi des violences ayant entraîné une ITT inférieure à un mois ou une atteinte aux biens : ne disposer que de ressources modiques et démontrer qu'elles se trouvent, du fait de l'absence d'indemnisation par l'auteur des délits, dans une situation matérielle ou psychologique grave.

Qui fait les frais de ces exigences ? Essentiellement les classes moyennes, qu'elles soient *lower* ou *upper middle class*, celles dont les domiciles sont régulièrement cambriolés ou les véhicules volés. Dès lors qu'elles gagnent plus de 1 404 euros par mois, elles ne pourront pas saisir la CIVI.

Mais, même à l'égard des personnes les plus défavorisées, la solidarité connaît ses limites, et nous touchons là une nouvelle cause d'injustice. Dans le cas d'une atteinte aux biens ou de blessures ayant entraîné une ITT inférieure à un mois, l'indemnisation sera au maximum égale au triple du plafond des ressources prévu pour obtenir l'aide juridictionnelle. Une personne âgée qui se fera dépouiller de toutes ses économies de l'ordre de 15 000 euros ne pourra recevoir dans le meilleur des cas que 4 212 euros de la CIVI. Bien entendu, je ne cite pas cet exemple au hasard. C'est ce montant que nous avions alloué à une dame d'environ 70 ans, victime de deux faux agents EDF. Pendant que l'un la retenait au séjour sous prétexte de remplir des papiers, l'autre avait fouillé l'armoire de la chambre et trouvé une liasse de billets sous une pile de draps…

Quand le travail de magistrat s'apparente une fois de plus à un sale boulot… Combien de fois subissons-nous de plein fouet les réactions écœurées de braves gens qui avaient placé toute leur confiance dans la justice et qui découvrent qu'elle ne peut rien pour eux parce que la loi, c'est la loi ?

J'ai déjà dit que depuis la loi du 15 juin 2000, applicable depuis le 1er janvier 2001, la juridiction qui alloue des dommages-intérêts informe la partie civile de son droit de saisir la CIVI. Le texte répare un oubli fâcheux, qui a fait que, pendant des années, beaucoup de victimes se sont entendu dire que leur demande était irrecevable pour cause de forclusion.

J'ai vécu deux situations dramatiques dans lesquelles des victimes ont subi le couperet de la loi.

La première concerne une jeune femme violée en 1988. Deux ans plus tard, son agresseur avait été condamné à lui payer l'équivalent en francs de 15 000 euros de dommages-intérêts, dont il n'avait pas réglé le moindre centime. Et son avocat ne lui avait jamais parlé de l'existence de la CIVI. Lorsqu'elle en apprit l'existence par la presse en 1995, elle saisit immédiatement la commission. Pour s'entendre dire que sa demande était irrecevable pour cause de forclusion. Ses larmes de dépit ont dû couler longtemps encore après l'audience…

Je dois évoquer également le cas dramatique d'une jeune femme lourdement handicapée, atteinte notamment d'une scoliose sévère, violée dans des circonstances abominables – trois fellations et un rapport en levrette – après que l'agresseur l'eut menacée: «Si tu n'obéis pas, je t'éclate!» Bizarrement, l'affaire avait été correctionnalisée. L'auteur avait été condamné à 4 ans d'emprisonnement et à payer 6000 euros à la victime. Cette fois, c'est l'avocate de la victime qui avait saisi la CIVI. Problème: cette saisine intervenait bien après l'expiration des délais. Prudente, l'avocate préféra ne pas se présenter devant la commission, probablement pour ne pas entendre des propos désagréables sur son incompétence. Résultat: la jeune femme, en pleurs, se défendit seule devant nous, révélant qu'elle était en instance de divorce. «J'ai un mari merveilleux. Je n'ai pas su l'aimer. Je ne lui ai transmis que mes angoisses.» Le président prit le temps de lui expliquer les raisons pour lesquelles sa requête était irrecevable. Elle acquiesça entre deux sanglots. L'injustice n'a pas dû aider à sa reconstruction…

L'obligation pour le tribunal d'informer de ses droits la partie civile constitue depuis le 1er janvier 2001 un réel progrès. Mais, je le répète, que de dégâts commis avant cette date… À croire que la création à partir de 1982 d'associations d'aide aux victimes et de maisons de justice à l'initiative de Robert Badinter, alors garde des Sceaux, n'avait pas suffi pour voler au secours de personnes dans le désarroi. Lesquelles personnes n'étaient pas toujours reçues avec bienveillance dans les commissariats lors d'un dépôt de plainte. J'en sais quelque chose. En 1991, la porte de notre garage ayant été forcée, une portière de notre voiture abîmée et un vieux magnétoscope (destiné à la destruction !) nous ayant été dérobé, je me présentai au commissariat pour déposer plainte. D'un ton rogue, une jeune gardienne de la paix me demanda alors une pièce d'identité. Je n'en avais pas sur moi. La fonctionnaire m'invita à repasser plus tard, muni du document. Alertés par la gueulante que je poussai alors, genre Gabin face à de Funès dans *La Traversée de Paris*, deux collègues en uniforme se pointèrent. M'ayant reconnu, l'un d'eux enregistra aussitôt ma plainte, en me glissant discrètement : « Excusez-la, elle doit avoir ses règles. » M'aurait-il fait pareille confidence, aurait-il même pris ma déposition, si j'avais été un citoyen lambda ? Des expériences ultérieures au Mans m'inciteraient plutôt à en douter.

Je reviens aux commissions d'indemnisation des victimes. Les différentes réformes législatives n'ont pas modifié leur fonctionnement, qui crée de fait un déséquilibre entre les parties.

J'indique d'abord qu'elles sont composées de deux magistrats du siège et d'une personne « s'étant signalée par l'intérêt qu'elle porte aux problèmes des victimes ». À Bourg-en-Bresse, pendant les quelques années où j'ai siégé comme assesseur à la commission, le second assesseur était une sexagénaire à la forte personnalité, très impliquée dans divers réseaux associatifs. J'ai déjà dit que la CIVI était présidée à l'époque par le magistrat qui présidait habituellement les audiences correctionnelles, double casquette qui entraînait parfois des situations courtelinesques que j'ai déjà évoquées et sur lesquelles il me plaît d'insister. Devant le tribunal correctionnel : « M. X. est condamné à vous payer la somme de *x* euros en réparation de votre préjudice, dont le tribunal a fait une juste appréciation. » Quelques mois plus tard, devant la CIVI : « Désolé, M. Y., mais vous avez commis une faute qui nous amène à réduire de moitié le montant de votre indemnisation. »

Outre une greffière, siégeait à nos côtés dans la bibliothèque du tribunal où se tenaient les audiences un substitut du procureur de la République. Quand le président lui donnait la parole pour ses réquisitions, il répondait rituellement : « Je m'en rapporte à justice », formule cachant le fait qu'il n'avait pas toujours pris le temps de regarder les dossiers avant l'audience.

Il y avait un grand absent à toutes les audiences : le représentant du fonds de garantie.

Les bureaux de cet organisme sont situés à Vincennes, 64, rue Defrance. Pas question de s'exposer à des frais de transport inutiles en envoyant un représentant aux audiences. Tout se passe à distance. Le Code de procédure pénale prévoit que le président de la commission ou l'assesseur magistrat procède ou fait procéder à toutes les auditions ou investigations utiles dès qu'il reçoit une requête d'une victime non indemnisée. Les fruits de cette enquête sont ensuite transmis au fonds pour qu'il ponde ses conclusions.

La procédure fait que, devant la CIVI, la victime doit supporter un nouveau procès où le principe d'égalité entre les parties est brisé au profit d'un organisme puissant, qui dispose de toutes les données juridiques pour écraser un justiciable déjà dans le désarroi. En versant parfois dans le sordide.

J'ai souvenir d'une affaire dans laquelle la famille d'un médecin tué par un malade mental réclamait devant la CIVI environ 80000 euros de dommages-intérêts. Le fonds de garantie ne s'était pas opposé aux demandes, sauf à celle concernant les frais de déménagement, de l'ordre de 900 euros. Nous avions passé outre et alloué cette somme aux ayants droit du défunt. Le fonds de garantie fit appel uniquement pour contester cette indemnité…

Bien qu'ils soient de nature et de fonctionnement totalement différents, la ladrerie du fonds de garantie ne rappelle-t-elle pas celle de l'agent judiciaire du Trésor ? Les victimes d'infractions ne sont pas mieux traitées que celles de détentions injustifiées…

La justice du troisième millénaire améliore un peu leur sort. Sur le papier.

La loi du 9 mars 2004, en vigueur le 1er janvier 2005, prévoit que la demande d'indemnité adressée à la CIVI soit transmise au fonds, lequel doit présenter une offre d'indemnisation dans un délai de deux mois, ou motiver son refus. Si la victime accepte l'offre, le constat d'accord est transmis au président de la CIVI pour homologation. Sinon l'affaire revient devant la CIVI.

Combien de victimes baisseront les bras et se résigneront à accepter une indemnité bien en deçà de leurs espérances, pour en finir une fois pour toutes avec les tracasseries judiciaires ?

La loi du 1er juillet 2008 est censée tendre la main aux parties civiles auxquelles une décision accorde des dommages-intérêts mais qui ne peuvent obtenir leur indemnisation. Elles peuvent saisir le Service d'aide au recouvrement des victimes d'infractions (SARVI) mis en place le 1er octobre 2008 et qui dépend du fonds de garantie. Il s'adresse aux victimes qui ont subi des préjudices corporels légers ou des dommages aux biens mais qui ne répondent pas aux conditions exigées pour saisir la CIVI.

Elles obtiendront la totalité des dommages-intérêts alloués si leur montant est inférieur à 1 000 euros, ou 30 % de la somme si le montant est supérieur à ce chiffre, dans un maximum cependant de 3 000 euros, le SARVI substituant la victime pour obtenir du condamné le solde de l'indemnité.

Certes, c'est mieux que rien. Mais les délinquants étant le plus souvent insolvables, les victimes, qui auront dû remplir un nouveau dossier, ne récupéreront à l'arrivée qu'une modeste partie des dommages-intérêts.

L'heure n'est-elle pas venue de mettre fin au calvaire judiciaire des victimes ? Plutôt que de multiplier les réformettes, pourquoi tout simplement ne pas rendre opposable au fonds de garantie ce qui a été jugé sur le principe et le montant de l'indemnisation des victimes ? La justice est rendue au nom du peuple français.

Et c'est ensuite au nom de la solidarité que le fonds de garantie est amené à intervenir si l'auteur du crime ou du délit est inconnu ou insolvable. Il me paraît choquant qu'un organisme financé par une bonne partie de la population (tous les assurés sur les biens) vienne dire à la victime : « Désolé, mais nous estimons que vous avez commis une faute réduisant votre droit à indemnisation, ou nous considérons que les juges vous ont accordé une indemnité trop importante. » J'ai omis de préciser que le fonds peut toujours se retourner contre le criminel ou le délinquant pour récupérer les indemnités versées.

Autre piste de réflexion : si l'on ne veut pas remettre en cause le droit du fonds de discuter les indemnités allouées, pourquoi ne pas prévoir le bénéfice de l'aide juridictionnelle totale pour toutes les victimes devant la CIVI ? Un autre moyen d'exprimer la solidarité nationale. Et qui mettrait un terme à d'autres errements dont j'ai été souvent témoin à l'époque. Parce que l'avocat se trompait de fondement juridique sur sa demande au titre de ses honoraires (visant l'article 475-1 du Code de procédure pénale, alors qu'il aurait dû viser l'article 700 du Code de procédure civile), la commission, alertée par le fonds, rejetait la demande. La victime faisait les frais de cette erreur… Certes, désormais des associations d'aide aux victimes interviennent pour les conseiller utilement et les orienter vers un avocat qui connaît la procédure. Mais, suivant une étude du Syndicat de la magistrature mise en ligne le 21 février 2013, 50 % d'entre elles ont terminé l'année 2011 en déficit, et d'autres ont fermé leurs portes, l'État s'étant fortement désengagé sur le plan financier depuis une dizaine d'années. Un mouvement que Christiane Taubira a inversé, puisque les crédits alloués à ces associations ont augmenté respectivement de 25,8 % en 2013 et 7 % en 2014. Un effort qui mérite d'être salué.

J'ai une petite idée : si les ressources du fonds paraissent insuffisantes pour indemniser nos braves concitoyens sans rechigner et mégoter, pourquoi ne pas les gonfler en majorant les droits fixes de procédure perçus sur tous ceux qui enfreignent la loi pénale ?

Je propose enfin la suppression des deux conditions exigées par l'article 706-14 du Code de procédure pénale : des ressources modiques et le fait que l'infraction ait « plongé la victime dans une situation matérielle ou psychologique grave ». On rétablirait ainsi l'égalité des citoyens devant la loi.

Ces quelques mesures sécuriseraient les pauvres gens qui sortent trop souvent meurtris d'une nouvelle épreuve judiciaire qui devait pourtant leur apporter le réconfort moral et la réparation pécuniaire.

Mais le statut de victime n'implique-t-il pas de boire le calice jusqu'à la lie ?

Victime un jour, victime toujours.

Quand les avocats entrent dans la danse...

Pendant quinze ans, lorsque j'ai exercé mes fonctions de juge au tribunal de grande instance de Bourg-en-Bresse, puis pendant les onze années passées comme vice-président au tribunal d'instance du Mans, j'ai rendu des milliers de décisions civiles ou pénales dont la plupart étaient entachées d'une terrible injustice, que personne cependant n'a songé à me reprocher. Du moins pas mes collègues ni les avocats. Les seuls à s'en plaindre ont été les justiciables, à qui j'ai pourtant donné raison. À la lecture de mes jugements, la satisfaction d'avoir gagné le procès a été tempérée par une réalité touchant au porte-monnaie. Même s'ils ont bu du petit-lait en lisant mes attendus et en constatant que je faisais droit peu ou prou à leurs réclamations, ils ont tiqué dans la seconde, ou après avoir demandé des explications à leur avocat, devant l'indemnité que je leur accordais au titre des honoraires réglés à ce dernier.

Car elle ne correspondait jamais à la somme effectivement déboursée.

En d'autres termes : ils ont gagné leur procès mais en ont quand même été de leur poche.

Une injustice pleinement assumée, qui ne m'a jamais empêché de dormir. Ma conscience s'est abritée derrière une opacité entretenue par la plupart des avocats, et que les juges n'ont en général jamais cherché à dissiper. Ce n'est pas leur problème.

Un rideau tiré sur un système archaïque, difficile à défendre aujourd'hui, mais qu'aucun des acteurs, à de rares exceptions près, ne songe aujourd'hui à déchirer.

Devant les juges, les avocats sont prêts à débattre, avec âpreté parfois, des réclamations pécuniaires du ou des adversaires. Mais pas question de dévoiler combien ce combat a coûté aux clients.

Mon cynisme trouve des échos dans les plus hautes sphères judiciaires. Je dois citer ici un extrait du discours prononcé par un ancien bâtonnier du barreau de Paris, maître Guy Danet, lors de son intervention dans le cadre des Entretiens du Palais, d'Aix-en-Provence, les 3 et 4 octobre 2003, rapportés par la *Gazette du Palais* des 28 et 29 janvier 2004.

« Il y a près d'une vingtaine d'années, l'État a annoncé au bon peuple que la justice serait dorénavant gratuite ; nous savons tous que c'est faux...

Nous sommes dans un système où chacun se contente de savoir que ce qu'il est en train de faire est inexact. L'avocat sait que le chiffre qu'il donne au niveau de l'article 700 est faux, le juge sait que le chiffre qu'il retient au niveau de l'article 700 est nécessairement faux, et tout le monde est content, le gagnant de l'affaire mis à part, car il sait qu'il ne récupère pas la totalité de ce qu'il a payé. »

On ne saurait mieux dire...

Quel est donc le contenu de ce fameux article 700 du Code de procédure civile ? Je précise que l'article 375 du Code de procédure pénale, relatif « aux frais exposés par la partie civile non payés par l'État » devant la cour d'assises, et l'article 475-1, qui concerne les mêmes frais exposés devant le tribunal correctionnel et le tribunal de police, sont rédigés dans des termes très proches.

Voici l'essentiel du texte, issu de la loi du 19 décembre 1991, et modifié par un décret du 29 décembre 2013 :

« Le juge condamne la partie tenue aux dépens ou qui perd son procès à payer :

1° À l'autre partie la somme qu'il détermine, au titre des frais exposés et non compris dans les dépens.

[...] Le juge tient compte de l'équité ou de la situation économique de la partie condamnée. Il peut, même d'office, pour des raisons tirées des mêmes considérations, dire qu'il n'y a pas lieu à cette condamnation... »

On l'aura compris : le législateur lâche la bride au juge (une fois n'est pas coutume) dès qu'il s'agit de condamner la partie qui succombe à payer les honoraires de l'avocat du gagnant du procès. Les « frais non compris dans les dépens » cachent en effet essentiellement la rémunération de l'auxiliaire de justice.

Une brève parenthèse sur les dépens, énumérés à l'article 695 du Code de procédure civile : ils comprennent notamment les frais d'expertise, les « débours tarifés », les émoluments des officiers publics ou ministériels, les frais d'enquête sociale... Je n'en dirai pas davantage, sous peine de transformer cet ouvrage en pensum soporifique.

Comment ne pas imaginer que derrière cette étrange latitude laissée au juge concernant les honoraires se cache le fait que les avocats ne tiennent pas à ce que les magistrats et les confrères sachent combien un procès leur a rapporté ? Quitte à ce que leurs propres clients fassent les frais du brouillard juridique...

Une injustice qui fonctionne avec la bénédiction de la Cour de cassation qui, dans de multiples arrêts, a rappelé que « l'application de l'article 700 relève du pouvoir discrétionnaire du juge », voire que « le simple visa de l'article 700 suffit ».

Les juges sont naturellement méfiants dès qu'il s'agit de liquider un préjudice, une inclination bien sûr encouragée par celui qui devra payer, qui conclut toujours au rejet ou à la réduction des demandes. J'en ai épluché des factures, des devis, des tickets de caisse, des attestations pour calculer au plus juste le montant des indemnités accordées... Plus d'une fois, j'ai appliqué un « coefficient de vétusté » sur le prix d'un blouson de cuir déchiré dans un accident de moto ou le remplacement de tapisseries défraîchies après quelques années d'occupation d'un logement.

En revanche, concernant l'application de l'article 700, je n'ai jamais perdu mon temps à chercher dans le dossier d'un avocat un quelconque justificatif des « frais exposés non compris dans les dépens », sachant qu'à de très rares exceptions près je ne le trouverais pas. Et l'avocat de la partie adverse, pourtant prompt à discuter chaque poste de préjudice, ne m'a jamais incité à exiger cette pièce, se limitant, quand il évoquait le sujet dans ses écritures, à demander que l'adversaire soit débouté de sa réclamation au titre de l'article 700, ou que celle-ci soit « ramenée à de plus justes proportions ». La confraternité s'exerce ici pleinement.

L'éventail des sommes réclamées aurait pu me plonger dans l'embarras. Quand j'étais juge au tribunal de grande instance de Bourg-en-Bresse, j'ai eu droit aux demandes suivantes : 450 euros, 600 euros, 1 500 euros, 2 500 euros, 4 500 euros, 7 500 euros, et même 45 000 euros ! Devant le tribunal d'instance du Mans, les sommes étaient plus modiques, mais variaient quand même entre 300 et 2 000 euros. La complexité du dossier explique évidemment certains écarts. Mais quelques avocats ne sont pas ennemis de l'extravagance.

Bien entendu, pas question de faire droit à de telles demandes, à l'exception des plus modiques. Et surtout pas question de se lancer dans de longs attendus pour expliquer l'indemnité allouée (je rappelle que la Cour de cassation n'exige rien de tel). Une formule lapidaire suffit : « Attendu que l'équité commande d'allouer à X. la somme de *x* euros en application des dispositions de l'article 700 du Code de procédure civile », ou : « Attendu que l'équité commande de ne pas faire application des dispositions de l'article 700 du Code de procédure civile », et la messe est dite. Peu importe que les quelques centaines d'euros accordés soient loin de couvrir la somme effectivement réglée par le client à son avocat.

Équité, que de crimes on commet en ton nom! «Qu'y a-t-il au-dessus de la justice? L'équité!» s'exclamait pourtant Victor Hugo. Équité définie par Aristote: «L'équité, tout en étant juste, ne se ramène pas à cette justice qui est la conformité à la loi, mais elle est plutôt un correctif apporté à la justice légale. Si l'équité est telle, c'est que la loi est toujours une disposition universelle et que, en certains domaines, il est impossible de parler correctement en demeurant au plan de l'universel» (*Éthique à Nicomaque*).

Lorsque les deux parties au procès ont des situations économiques sensiblement égales, le juge ne devrait-il pas, au nom précisément de l'équité, faire en sorte que le procès ne coûte pas un centime à celui qui le gagne, et que l'indemnité accordée au titre de l'article 700 corresponde aux honoraires réellement payés et dûment justifiés? Des solutions sont possibles pour mettre fin à l'injustice. Il est vrai qu'elles impliqueraient un bouleversement des mentalités. J'y reviendrai.

Le juge ne peut même pas espérer approcher la réalité lorsqu'il arbitre le montant de l'indemnité. Les honoraires obéissent en effet à des paramètres qui rendent impossible une estimation sérieuse.

Ces paramètres ont été fixés par une loi du 10 juillet 1991: «À défaut de convention entre l'avocat et son client, l'honoraire est fixé selon les usages, en fonction de la situation de fortune du client, de la difficulté de l'affaire, des frais exposés par l'avocat, de sa notoriété et des diligences de celui-ci. »

Le texte a été rédigé à une époque qui paraît déjà lointaine, car deux maux ont frappé la profession depuis le siècle dernier : la paupérisation et la révolution informatique.

J'ai le souvenir d'avoir lu en 1998 dans la *Gazette du Palais* que le revenu moyen des avocats avait chuté de 42 % depuis 1991. À Paris, 55 % gagnaient moins de 40 000 euros par an, et 17 % moins de 15 000 euros ; 650 étaient dans une « situation assez difficile » et 4 bénéficiaient du RMI ! Les choses n'ont pas dû s'arranger depuis.

La province, longtemps épargnée, est touchée aujourd'hui par cette paupérisation. Être avocat généraliste n'a plus rien d'une sinécure. J'en veux pour preuve la participation des plus jeunes, et parfois aussi des têtes chenues, à de multiples tâches ingrates pour lesquelles ils sont payés des picaillons au titre de l'aide juridictionnelle : comparutions immédiates, commissions de discipline dans les maisons d'arrêt, etc. Le port du jean de mauvaise coupe et des tongs à la belle saison trahit moins une indifférence à l'apparence vestimentaire qu'une difficulté à boucler les fins de mois. Les charges pesant sur les cabinets se sont aussi accrues dans des proportions considérables.

Un avocat rencontré à un salon du livre m'a confié que si le « black » n'existait pas, certains mois il perdrait de l'argent…

Cette paupérisation a pour conséquence d'attiser la concurrence entre les avocats, laquelle prend parfois la forme de pratiques empruntées aux techniques commerciales les plus redoutables. J'ai naguère entendu parler d'une avocate qui « cassait les prix » en matière de divorce, divisant par trois les honoraires réclamés par la majorité de ses confrères.

Internet est devenu aussi un ennemi des avocats. Car combien de clients se vantent désormais d'être des puits de science juridique après avoir fait des recherches sur la Toile et prétendent dès lors dicter à leur défenseur les moyens de droit à invoquer ? Avec bien sûr cette arrogance dans l'air du temps. J'avais débouté un bailleur plutôt cavalier avec ses locataires, en le condamnant au passage à une indemnité assez lourde au titre de l'article 700. Rencontrant quelque temps plus tard son avocat, pour qui j'avais la plus grande estime, je lui demandai ce qu'il pensait du jugement. « Très bien motivé ! J'aurais été fort étonné que vous donniez raison à mon client. Ça ne l'a pas empêché de faire appel en me disant : "Quand un ami voudra perdre un procès, je vous l'enverrai." Je lui ai rendu son dossier. Qu'il se démerde avec un confrère ! »

Un autre souvenir. Dans le cadre d'une procédure d'expropriation, j'avais rencontré sur place le fils de la personne expropriée, un enseignant qui m'avait reçu avec le Code de l'expropriation à la main. « L'article... dit que... » Je lui avais répliqué que l'article en question ne s'appliquait pas au cas d'espèce. Une discussion serrée s'était ensuivie. Son avocat était resté à l'écart. Au moment de prendre congé, j'avais glissé à l'oreille du défenseur, pour qui j'avais la plus grande sympathie: «Quel con, votre client!» «Je suis tout à fait de votre avis!» avait-il murmuré.

Les gens du barreau ne sont pas toujours exempts de tout reproche. Une connaissance m'a confié qu'elle préférait rencontrer son avocat le matin, parce qu'en début d'après-midi son haleine ne sentait pas que le dentifrice…

Je m'amusais parfois aux audiences civiles du tribunal d'instance quand je voyais le client rester planté derrière son avocat pour ne pas perdre un mot de la plaidoirie. Je sentais que la confiance n'était pas totale…

Je sais également que les clients peuvent se révéler mauvais payeurs. Combien ai-je vu passer de requêtes en injonction de payer déposées par des membres du barreau contre des personnes qu'ils ont défendues?

Pour toutes ces raisons, les paramètres posés par la loi du 31 décembre 1991 pour la fixation des honoraires me paraissent plus ou moins obsolètes et n'aident nullement le juge lorsqu'il doit fixer l'indemnité allouée au titre des «frais exposés non compris dans les dépens».

Je voudrais cependant dire quelques mots sur l'un de ces critères, celui de la notoriété.

Je n'évoquerai pas la réputation dont bénéficient certains avocats dans le microcosme judiciaire, qu'il soit parisien ou provincial, parce que leurs compétences sont reconnues dans un domaine bien précis: droit de la construction, de la réparation des dommages corporels, de la consommation, du travail, de la presse, etc. Il est normal qu'un fin juriste rémunère son talent dans un domaine précis de manière plus importante qu'un confrère découvrant la matière à l'occasion d'un litige.

Mais que penser de la notoriété médiatique? Quelques avocats ont acquis le statut de ténor suite à leur intervention dans un ou plusieurs faits divers qui ont défrayé la chronique. Que se passe-t-il lorsque le commun des mortels pousse la porte de leur cabinet, aimanté par le phénomène «vu à la télé»? «Commun des mortels» n'est d'ailleurs pas l'expression la mieux appropriée, car le prix de la consultation ou le montant de la provision doivent inciter pas mal de justiciables peu fortunés à rebrousser chemin.

À une audience de la chambre de l'expropriation de la cour d'appel de Lyon, où je siégeais comme assesseur, s'était présentée une jeune femme du genre baba cool richissime, pour avoir hérité de ses parents de nombreux immeubles dans la capitale des Gaules. Elle avait formé un recours contre un jugement rendu suite à l'expropriation d'un de ces immeubles pour cause d'utilité publique, estimant les indemnités insuffisantes. Lors d'une première audience, elle avait sollicité le renvoi en expliquant qu'elle souhaitait être assistée de maître X. Ah! maître X., ce «célèbre» avocat du Midi, qui, avant de se lancer avec succès dans la politique, ne manquait jamais d'intervenir dans des tragédies qui frappaient l'opinion: un stade qui s'effondre, deux enfants renversés par un chauffard, etc. L'affaire avait fait l'objet de trois nouveaux renvois, le ténor brillant par son absence. Le président ayant alors menacé de radier l'affaire, une collaboratrice du cabinet finit par se présenter. À notre plus grande stupéfaction, elle s'approcha de nous et murmura: «Je vais laisser Mlle Y. vous expliquer le dossier», sous le regard consterné de ses confrères locaux, émoustillés par le nom du ténor… Et la «pauvre» femme de nous assommer alors de considérations totalement étrangères au droit… J'aimerais connaître le montant des honoraires réglés pour cette «non-défense»… Certes la jurisprudence a prévu leur réduction éventuelle lorsqu'un collaborateur accomplit la mission confiée au «patron». Mais combien de clients, incités à ne pas se présenter à l'audience, sont-ils informés que leur dossier a été plaidé par le énième collaborateur? Celui-ci n'est en général pas dénué de talent, le ténor ne pouvant pas s'entourer de gens médiocres. Mais d'autres avocats auraient assuré le travail pour une rémunération bien moins importante.

Sur le plan local, quelques avocats acquièrent une jolie notoriété parce que leur nom revient régulièrement dans les comptes-rendus d'audiences correctionnelles ou de procès d'assises. D'où l'empressement de certains à courtiser les chroniqueurs judiciaires de la place. Un «investissement» qui se répercutera ensuite sur les honoraires réclamés à des justiciables dans le cadre de quelconques procédures civiles, de droit social ou autres. En général, beaucoup d'amertume, d'après les échos qui me sont parvenus, attend les malheureux: «Je n'arrive pas à obtenir de rendez-vous… Mon dossier n'avance pas… Il n'a pas retenu ce que je lui ai dit…»

Dans ces conditions, on ne peut exiger du juge un don de divination pour qu'il fixe précisément l'indemnité censée correspondre aux honoraires réglés et condamne celui qui perd le procès à les payer. Il ne cherche même pas à la calculer « au pif », ce qui exigerait déjà un effort intellectuel difficile et surtout vain. Il se contente de condamner le perdant à payer une somme forfaitaire de quelques centaines d'euros « au titre des frais irrépétibles » (autre formule pour les « frais exposés non compris dans les dépens ») et il passe au dossier suivant.

Le juge s'embarrasse d'autant moins de scrupules que, souvent, l'avocat et le client ont signé une convention d'honoraires, qui prévoit l'abandon d'une partie, au profit de son avocat, des indemnités ou dommages-intérêts perçus par le client, de l'ordre de 10 % d'après certaines indiscrétions. Une pratique inspirée des méthodes anglo-saxonnes, qui autorisent une rémunération de l'avocat uniquement en fonction du résultat, alors que chez nous elle ne doit constituer qu'un gain supplémentaire. Les deux parties sont ainsi satisfaites : le client tout à la joie d'avoir gagné son procès ne regrette pas de laisser un beau pourboire, que l'avocat empoche en songeant à ses prochaines vacances à la neige ou au 4 × 4 dont il rêve, ou plus prosaïquement à l'argent qu'il a perdu dans d'autres litiges en raison du temps passé pour rien dans un dossier difficile.

Comment voulez-vous que le pauvre juge s'y retrouve ? Pour ma part, dans mes fonctions au tribunal d'instance, j'ai alloué à « vue de nez » 300, 400 ou 600 euros suivant l'importance du litige et la qualité de la partie gagnante. J'ai presque toujours débouté les organismes de crédit à la consommation de leur demande au titre de l'article 700, même s'il y aurait beaucoup à dire sur les personnes qui souscrivent des crédits sans réfléchir aux conséquences. J'ai toujours ignoré ce qu'accordaient mes collègues. Je me suis efforcé de trouver un équilibre entre la partie perdante, qui doit donc payer la fameuse indemnité, et le gagnant du procès, qui en sera de sa poche au moment de régler les derniers honoraires à son avocat. Une gymnastique ingrate et difficile qui fait forcément un mécontent, voire deux. L'injustice au quotidien, qui ne scandalise personne...

Il est donc presque impossible de connaître le montant des honoraires réglés à l'avocat dans une affaire civile ou relevant du droit social. Il en va de même en matière pénale, sauf quand le sujet intéresse les médias et qu'ils réussissent alors à lever un coin du voile, à condition de ruser. Sinon, ils se heurtent à la langue de bois.

Un journaliste du mensuel *Lyon Mag'*[1] avait contacté à l'automne 2000 dix avocats lyonnais en s'accusant d'avoir euthanasié son père, ajoutant qu'il était convoqué par la PJ, pour leur demander s'ils acceptaient de le défendre, et à quel prix.

Les réponses sont édifiantes sur l'opacité et l'empirisme des honoraires.

Le premier avocat consulté: «Tout dépend comment ça tourne... Ça peut aller de 10000 à 80000 francs.»

Le deuxième: «Ça vous coûtera environ 15000 francs.»

1. *Lyon Mag'*, octobre 2000.

Le troisième: «Entre 20000 et 25000 francs pour un procès d'assises. Si vous niez, je ne vous défendrai pas. Mais je vous indiquerai un confrère.»

Le quatrième: «Minimum 50000 francs. Maximum 100000 francs.»

Et le dernier: «Je vous ferai un forfait à 10000 francs. Sinon, avec le temps passé, ça ferait une somme astronomique.»

Je précise que la notoriété de certains de ces avocats ne dépassait pas les frontières du département et que quelques-uns ont facturé la consultation de quarante-cinq minutes 500 ou 750 francs…

Des honoraires qu'aurait réglés de bonne grâce le docteur F., ce médecin de la Mayenne accusé en 1997 de viols sur ses patients.

Condamné à huit années d'emprisonnement en février 2004, il a été acquitté en appel le 1er avril 2005.

Son bonheur aura été de courte durée. Un de ses anciens avocats, un éminent fiscaliste parisien, lui adressera quelques jours plus tard le montant de ses honoraires: 540999,14 euros!

Le médecin avait signé une convention d'honoraires prévoyant une rémunération horaire de 385 euros parce que selon lui il était «en plein désarroi, qu'il devait absolument se raccrocher à quelqu'un» (*Le Nouveau Détective*, 3 août 2005). L'assurance professionnelle prévoyait la prise en charge des frais de défense en cas de non-lieu ou d'acquittement. Dans un premier temps, la compagnie a refusé de régler une somme qui lui paraissait injustifiée. Par exemple: 3800 euros pour une visite à la maison d'arrêt de Laval, 1 524 euros facturés pour un dîner au domicile de la présidente du comité de soutien, 90 euros le quart d'heure pour répondre au téléphone à des journalistes, etc.

Réplique de l'avocat : « Dès le départ, mon client savait quels étaient mes honoraires. Nous étions deux avocats du cabinet à travailler à plein temps sur le dossier » (*Ouest-France*, 27 juillet 2005). Réponse du client : « C'est faux. Il a refusé de faire entendre à mon procès un certain nombre de témoins. Or ceux-ci étaient déterminants, selon moi, pour convaincre le jury de mon innocence. C'est mon autre avocat, maître B. [qui l'a défendu en appel], et la responsable de mon comité de soutien qui ont imposé ces témoignages... Maître C. est un avocat d'affaires, et pas un pénaliste. S'il s'est intéressé à mon dossier, c'est parce que je n'étais pas impécunieux. » (*Le Nouveau Détective*, 3 août 2005.)

Réaction d'un pénaliste de Rennes, recueillie par un journaliste de *Ouest-France* : « Je n'aurais pas facturé mes prestations à l'heure. J'aurais demandé une somme globale de 30 000 à 40 000 euros. Ce sont les usages pour ces procès. » Propos confirmés indirectement par l'avocat qui a défendu le médecin en appel : « Cela me paraît inconcevable de facturer un tel procès à l'heure... J'ai accepté de défendre le docteur F. avec une éthique rigoureuse face à un homme en grande détresse. Je ne pourrais jamais profiter d'une position dominante pour m'enrichir. »

Un décret de juillet 2005 réglementant la déontologie des avocats a opportunément renforcé l'exigence d'humanité, l'obligation de délicatesse et de modération.

Une humanité et une modération dont a estimé faire preuve le bâtonnier du barreau de Paris en réduisant de 40 % les honoraires dus par le docteur F., ramenés à la somme de 322 426 euros. Un accord serait finalement intervenu avec la compagnie d'assurances.

Je pense qu'il ne faut plus parler justice au docteur F...

Pour clore ce chapitre, je voudrais pourtant parler précisément justice. Pourquoi les avocats et les magistrats sont-ils réticents à ce qu'un justiciable qui gagne son procès soit intégralement remboursé de ses frais ?

Deux arguments sont traditionnellement avancés par la doctrine et la jurisprudence : la confidentialité des relations d'argent entre l'avocat et son client, et la liberté des honoraires. Selon moi, ils ne sont plus d'actualité.

Nous l'avons vu, la liberté n'est pas un vain mot. Mais elle constitue un faux problème. À la demande de l'avocat adverse, le juge pourrait toujours en réduire le montant si celui-ci n'est pas dénué d'extravagance.

Concernant la confidentialité, ses partisans soutiennent que faire supporter par la partie perdante l'intégralité des honoraires du gagnant violerait ce grand principe. Or il est aujourd'hui largement battu en brèche.

Avant tout règlement définitif, l'avocat doit remettre à son client une facture, qui détaille ses prestations, comprenant normalement sa dernière intervention devant une juridiction. Ces factures, archivées au cabinet, doivent être produites aux inspecteurs des services fiscaux et aux agents de l'Urssaf lors des contrôles opérés. Certes ces fonctionnaires ou assimilés sont soumis au secret professionnel. Mais les magistrats le sont également.

Et la connaissance par le juge des honoraires réglés ne lèverait pas le voile sur la somme réellement empochée par l'avocat. Les juges savent bien que, lorsqu'un avocat perçoit 1 000 euros, la somme ne tombe pas intégralement dans son escarcelle. Les frais de gestion et de nombreuses et lourdes cotisations plombent le montant. Enfin, le juge n'est pas derrière l'avocat pour pointer le nombre de dossiers qu'il traite devant de multiples juridictions ou de consultations qu'il donne.

Enfin, toute convention entre l'avocat et son client prévoyant un honoraire de résultat resterait bien entendu confidentielle.

Un dernier cas de figure doit être envisagé. Parfois, une partie ne gagne jamais totalement son procès, le juge la déboutant de certaines de ses demandes. Le magistrat aurait alors tout loisir de réduire le montant de la facture. C'est ce que j'ai fait l'une des très rares fois où un avocat m'a produit sa facture d'honoraires, accordant 1 400 euros au titre de l'article 700, alors que la facture s'élevait à environ 2 200 euros. Preuve au passage que le mécanisme juridique peut fonctionner.

Je suis un ennemi viscéral de la transparence, à quelques nuances près, selon moi un des masques modernes du totalitarisme. Mais la sécurité économique des justiciables commande de tailler des croupières dans l'opacité du système actuel.

« *L'exercice de la profession d'avocat doit mener à l'honneur et non à la fortune. Il méprise les professions lucratives, la plupart moins pénibles et moins laborieuses, pour se dévouer à des fonctions qui ne promettent que l'honneur à ceux qui les exercent avec le plus de succès.* »

Ces lignes, extraites des *Lettres sur la profession d'avocat* d'un certain Camus, ont été écrites en 1787.

La rupture avec l'Ancien Régime est décidément complète.

Quand la route devient un chemin de croix

Entre 1988 et 2003, quand j'étais juge au tribunal de grande instance de Bourg-en-Bresse, j'ai d'abord travaillé dans un petit bureau situé au fond d'un couloir, meublé de bric et de broc dans ce style impersonnel propre à l'administration. J'ai occupé ensuite un bureau beaucoup plus spacieux, jouxtant la salle d'audience, réservé normalement au président de la cour d'assises. Je devais d'ailleurs déménager pendant une semaine deux ou trois fois par an pour laisser la place à mon collègue. Un mobilier Empire et quelques croûtes du XIXe humanisaient l'endroit.

C'est dans le silence parfois pesant de ces deux décors que j'ai rendu des centaines de jugements dans un contentieux qui commence toujours par la violence des hurlements de souffrance ou des râles d'agonie des personnes de tous âges au destin soudain contrarié ou définitivement brisé, des cris et des larmes de désespoir de leurs proches, des réflexions souvent stupides des témoins du drame, des rappels à l'ordre lancés par les premiers secours entravés dans leur travail: l'indemnisation des victimes d'accidents de la circulation. Des réalités brutales totalement gommées des pièces de la procédure étalées devant moi au moment de trancher sur un éventuel partage de responsabilité et sur les indemnités à allouer à des personnes dont la vie a été brisée en quelques secondes. La froideur du raisonnement juridique et le cynisme des chiffres remplaçaient l'émotion de la tragédie. Lors des audiences qui précédaient le délibéré, je ne voyais presque jamais les victimes blessées plus ou moins gravement dans la collision, ou les familles de celles ayant péri dans l'accident. Elles étaient substituées par les avocats des compagnies d'assurance qui avaient plaidé en droit ou s'étaient référés à des barèmes.

Cette distance avec un drame survenu plusieurs années auparavant favorisait évidemment la sérénité, laquelle, hélas, ne m'empêchait pas de commettre des injustices...

Des changements sont intervenus depuis 2003, année où j'ai cessé de juger ce type de contentieux, dans le mode d'indemnisation des victimes, mais la philosophie des textes reste la même.

Pour les malheureux frappés cruellement dans leur chair et dans leur âme, la loi est injuste dans plusieurs de ses dispositions, le juge est très souvent injuste dans ses décisions.

Les intentions au départ étaient pourtant généreuses.

C'est à Robert Badinter, considéré à juste titre dans le monde judiciaire comme le meilleur garde des Sceaux de la Ve République que l'on doit la loi du 5 juillet 1985, qui tendait « à l'amélioration de la situation des victimes d'accidents de la circulation et à l'accélération des procédures d'indemnisation ». Une véritable révolution censée mettre un terme à la cacophonie judiciaire qui précédait, la jurisprudence appliquant faute de mieux tantôt l'article 1384 alinéa 1er du Code civil, tantôt l'article 1382. La « loi Badinter » a institué des règles de responsabilité civile dérogatoires au droit commun en prévoyant l'indemnisation des victimes non conductrices même lorsqu'elles ont commis une faute et en organisant une procédure obligatoire de règlement amiable des litiges entre la victime et l'assureur de l'automobiliste.

Que prévoit-elle pour l'essentiel ? Sont désormais indemnisées automatiquement toutes les victimes, hormis les conducteurs des véhicules terrestres à moteur, à condition cependant qu'elles n'aient pas recherché volontairement le dommage subi, ou commis une faute qualifiée d'inexcusable et cause exclusive de l'accident, laquelle faute ne pourra pas être reprochée aux victimes de moins de 16 ans et de plus de 70 ans, ou enfin lourdement handicapées. Concernant les conducteurs blessés, ils seront également totalement indemnisés à condition qu'ils n'aient pas commis une faute quelconque, cette même condition limitant ou excluant l'indemnisation de leurs ayants droit en cas de décès.

Mais derrière cette apparente simplicité se dissimulent des gisements d'injustices. À commencer par une étrange rupture de l'égalité des citoyens en raison de leur âge.

L'article 3 de la loi a créé en effet une catégorie de citoyens super-protégés quand ils ont la qualité de passagers transportés, de piétons ou de cyclistes : les gens de plus de 70 ans et les mineurs de 16 ans, outre les titulaires d'une pension d'invalidité ou d'incapacité supérieure à 80 %.

Je devine les sarcasmes des agents de voyage, des enseignants dans les universités du troisième âge et autres professionnels qui côtoient d'alertes septuagénaires !

Mais par un curieux tour de passe-passe, ces derniers perdent leur « immunité » dès qu'ils s'installent derrière un volant. Ils redeviennent alors des individus conscients et responsables de leurs actes. Imaginons un cycliste de 72 ans qui en changeant brusquement de direction est renversé par un brave conducteur du même âge surpris par la manœuvre dangereuse. Le premier aura droit à la réparation de tous ses préjudices, dont le second sera considéré automatiquement comme responsable...

Le législateur a cependant prévu un garde-fou : ces privilégiés, comme d'ailleurs les autres victimes non conductrices, ne doivent pas avoir « recherché volontairement le dommage ». La formule ne caractérise-t-elle pas la volonté de se suicider ? Le législateur a craint, suivant certains commentateurs, que des piétons ou des cyclistes particulièrement cupides ne profitent de l'indemnisation automatique pour provoquer un accident dont ils tireraient profit. Comment croire une seule seconde qu'une personne âgée ou un adolescent, ou enfin un malheureux très lourdement handicapé se jettera volontairement sous une voiture pour subir une mutilation rémunératrice ? À moins que la crise économique ne pousse aujourd'hui à cette horrible extrémité...

Force est de constater avec l'un des premiers commentateurs de la loi que « le législateur a préféré une modification brouillonne à une refonte totale sur le fondement de principes différents de ceux de la responsabilité civile » (Christian Larroumet, *Recueil Dalloz*, 1985, Chronique, p. 238).

Brouillon, vous avez dit brouillon ? L'article 3 est un modèle du genre !

Son premier alinéa prévoit que « les victimes (sauf les conducteurs des véhicules terrestres à moteur) sont indemnisées des dommages résultant des atteintes à leur personne sans que puisse leur être opposée leur propre faute, à l'exception de leur faute inexcusable si elle a été la cause exclusive du dommage ».

Faute inexcusable définie tardivement par la Cour de cassation le 20 juillet 1987 : « Faute volontaire d'une exceptionnelle gravité exposant sans raison valable son auteur à un danger dont il aurait dû avoir conscience. »

Autrement dit, les piétons et les cyclistes doivent « en faire des tonnes » pour que l'indemnisation de leur préjudice soit refusée ! N'est pas inexcusable par exemple la faute d'un « piéton ivre qui s'était accroupi sur la chaussée, hors agglomération, de nuit par temps de brouillard, au milieu du couloir de marche de l'automobile » (Cour de cassation, 6 novembre 1996). En revanche, a été considérée comme inexcusable la faute d'un individu « qui, interpellé pour conduite en état d'ivresse manifeste et conduit à l'hôpital dans un fourgon de police pour prise de sang, saute en marche du véhicule, se blessant mortellement » (Cour de cassation, 28 juin 1990) !

Il faut de surcroît que cette faute inexcusable soit la cause exclusive du dommage pour exclure le droit à indemnisation !

Exemple magnifique de l'hypocrisie judiciaire ! Quel automobiliste qui verra surgir brusquement devant lui un piéton « dans la lune » ne pourra pas être accusé d'avoir commis une faute d'imprudence ou de négligence, laquelle de surcroît pèsera longtemps sur sa conscience ? Cette culpabilité morale sera démultipliée si le parquet engage des poursuites pénales pour blessures ou homicide involontaires contre le conducteur un instant distrait.

Une affaire m'a particulièrement marqué. Alors que je présidais à Bourg-en-Bresse une audience du tribunal correctionnel, nous avions jugé un brave homme déjà âgé poursuivi pour homicide involontaire. Une nuit du mois d'août, alors qu'il rentrait en voiture d'un dîner avec son épouse à ses côtés et une amie du couple assise à l'arrière, il avait par inattention grillé un stop. Pour son plus grand malheur, un véhicule arrivait à sa droite. Dans la collision, la passagère arrière fut tuée. Le conducteur comparaissait donc pour homicide involontaire, aucune consommation d'alcool ne lui étant reprochée. Il était bien entendu effondré. Moi-même très gêné, j'avais commencé l'instruction du dossier en disant : « C'est le genre d'affaire qui pourrait arriver à chacun de nous. » La condamnation avait été purement symbolique (3 mois d'emprisonnement avec sursis tout de même, outre une amende, pour appliquer un « tarif » dont le non-respect aurait poussé le parquet à faire appel). À la fin de l'audience, la jeune collègue substitut vint me trouver. « Tu n'aurais pas dû dire à ce conducteur que c'est le genre d'affaire qui peut arriver à n'importe qui, même à nous. Il a quand même commis une faute très grave ! » Sans commentaire.

Je l'ai dit au début de ce chapitre : une catégorie de citoyens ne bénéficie pas des mêmes égards de la part du législateur, fussent-ils des « vieillards » de plus de 70 ans. Ce sont les malheureux automobilistes.

L'article 4 de la loi du 5 juillet 1985 tombe comme un couperet : « La faute commise par le conducteur du véhicule terrestre à moteur a pour effet de limiter ou d'exclure l'indemnisation des préjudices qu'il a subis. »

Il n'est plus question ici de faute inexcusable ni de « recherche volontaire du dommage » ou de sa cause exclusive. C'est ainsi que le 20 juin 2002, la Cour de cassation a considéré que « la relaxe au pénal d'un conducteur du chef de défaut de maîtrise de sa vitesse n'empêche pas de retenir une faute contre lui pour avoir circulé dans une voie de circulation inverse à la sienne».

Mais si la loi rompt déjà l'égalité entre les citoyens en fonction de leur âge ou de leur état de santé, le processus d'indemnisation favorise de nouvelles injustices. Car interviennent alors les compagnies d'assurance.

La loi du 5 juillet 1985 comprend pas moins de 15 articles pour favoriser les règlements amiables de la part des assureurs en les obligeant à formuler une offre de transaction. Des dispositions empreintes d'un bel angélisme plutôt surprenant de la part de parlementaires rompus à toutes les ficelles et autres combines. Bisounours au pays des élus… Ces derniers auraient dû avoir conscience dès le début qu'ils préparaient le combat du pot de terre contre le pot de fer dès lors que les mesures en apparence favorables aux victimes d'accidents de la circulation ne donnent pas à celles-ci les véritables outils pour obtenir une juste indemnisation.

Quelles sont donc pour l'essentiel les obligations de l'assureur quand un véhicule terrestre à moteur est impliqué dans un accident et qu'un dommage a été causé à une victime?

Dans le délai de huit mois maximum, l'assureur du véhicule impliqué dans l'accident doit adresser une offre à la victime.

Dans son premier courrier, il doit (à peine de nullité de la future transaction) informer la victime qu'elle peut se faire assister d'un avocat et, en cas d'un examen médical, du médecin de son choix. Cette missive doit être accompagnée d'une notice d'information.

Comme celle-ci, codifiée à l'article A211-11 du Code des assurances, désormais consultable sur Internet, comporte plusieurs pages, je me bornerai à en citer seulement quelques extraits.

« Comment se déroule l'indemnisation ? L'assureur du responsable prend contact avec vous ; vous le renseignez ; vous vous soumettez à un examen médical ; l'assureur vous fait une offre d'indemnisation ; vous acceptez l'offre, l'assureur vous indemnise ; vous refusez l'offre, vous devez alors réclamer l'indemnisation devant le tribunal. [...] Vous devez communiquer à l'assureur : [suit une liste de dix informations sur l'identité, les ressources, la description des dommages corporels, les personnes à charge, etc.] [...] Si vous tardez, ou si votre réponse est incomplète, vous retardez l'indemnisation. [...] L'offre doit couvrir tous les éléments de votre préjudice, [...] vous pouvez [...] discuter. Refuser. Vous pouvez vous adresser aux tribunaux pour obtenir l'indemnisation ; [...] en cas de procès, un avocat doit vous représenter devant le tribunal de grande instance. [...] les frais et honoraires de ces intervenants [avocat, conseiller juridique, médecin] peuvent rester à votre charge sauf si vous bénéficiez d'une garantie de protection juridique ou de l'aide juridictionnelle en cas de procès. [...] Cependant, vous avez la possibilité à tout moment [...] d'introduire devant le tribunal un référé (procédure d'urgence pour obtenir une avance sur indemnité), particulièrement en cas d'inaction persistante de l'assureur du responsable [...]. »

Quelle victime ou ses ayants droit en cas de décès, déjà fragilisés par les conséquences tragiques de l'accident, ne seront pas tentés d'en finir au plus vite, de conclure une transaction plutôt que de s'adresser à un tribunal pour une procédure dont on leur laisse entrevoir la longueur et la complexité ? Non sans raison, comme nous le verrons bientôt.

Une autre raison pour laquelle les victimes ou leurs ayants droit préfèrent transiger réside dans l'opacité presque totale concernant les montants moyens des indemnités allouées par les tribunaux ou fixées par les transactions. Pourtant l'article 26 de la loi prévoit que, « sous le contrôle de l'autorité publique, une publication périodique rend compte des indemnités fixées par les jugements et les transactions ». Un amendement déposé le 17 décembre 1984 par Jean Foyer lors des débats à l'Assemblée nationale proposait fort logiquement de confier cette publication à la Chancellerie. Adopté en première lecture, l'amendement a été gommé ensuite. Bizarre, bizarre... D'autant plus bizarre que la tâche a été confiée à l'AGIRA, l'Association pour la gestion des informations sur le risque automobile, créée fort opportunément en 1984, qui regroupe les sociétés d'assurance « exerçant sur le marché français et les diverses organisations professionnelles intervenant dans le secteur ». Un organisme dont la vocation philanthropique reste à démontrer...

L'AGIRA s'acquitte donc de sa mission en publiant chaque année le Fichier des victimes indemnisées, un rapport statistique des indemnités allouées.

La consultation du fichier permet d'affirmer que les victimes peuvent aujourd'hui obtenir par la voie de la transaction des indemnités sensiblement égales à celles allouées par les tribunaux. Voire supérieures... Internet et certains médias ont appris aux citoyens à mieux se défendre. Mais cette amélioration ne paraît concerner que les préjudices les plus importants.

Et il ne faut pas tomber dans l'angélisme. Une transaction ne peut être envisagée que sur la base d'un rapport d'expertise médicale amiable, réalisé par un médecin missionné par l'assureur, qui aura tendance à minorer l'importance des préjudices. Je reviendrai sur ce problème des experts médicaux. Par ailleurs, la consultation du fichier, incomplet, peut se révéler ardue pour certaines personnes, effarouchées par les termes médico-juridiques. Il y a donc au départ un risque de déséquilibre entre les forces en présence : d'un côté, une victime ou ses ayants droit forcément fragilisés et donc vulnérables, de l'autre l'« agent-régleur », cet employé de la compagnie chargé des propositions d'indemnisation, qui défendra bien entendu les intérêts de son employeur.

Il reste cependant un faible pourcentage de victimes ou de leurs ayants droit (de l'ordre de 5 % aujourd'hui suivant une source parlementaire que j'évoquerai plus bas) qui rejettent toutes les propositions de transaction, en général les dossiers avec les plus gros préjudices. À l'agent-régleur, ils préfèrent le juge. Ont-ils vraiment conscience qu'ils s'apprêtent à vivre de nouvelles épreuves, qu'ils engagent un combat long et nerveusement éprouvant ?

Devant le tribunal, la victime devra d'abord faire l'avance des frais d'expertise, sauf si elle bénéficie de l'aide juridictionnelle. La raison de cette anomalie est que les défendeurs, en s'abstenant de consigner les frais, bloqueraient le processus d'indemnisation. Mais est-il normal que la victime doive débourser une somme coquette même si le tribunal a déjà reconnu son droit à indemnisation ? Il serait à mon avis plus cohérent de mettre ces frais à la charge de l'auteur de l'accident et de son assureur. La sanction d'un défaut de consignation dans le délai imparti serait drastique : il serait fait droit à l'intégralité des demandes, sans autre forme de discussion. On verrait alors que pas une seule compagnie ne se montrerait défaillante…

Le tribunal désigne donc un expert inscrit sur la liste dressée par la cour d'appel. La loi du 11 février 2004 a modifié le statut des « hommes de l'art » datant de la loi du 29 juin 1971, laquelle présentait un défaut majeur : l'inscription était définitive et laissait donc en fonction des gens qui n'étaient que rarement désignés, voire jamais, et dont les connaissances étaient parfois un peu poussiéreuses. Il est important en effet qu'un technicien puisse régulièrement les mettre en pratique, sous peine de passer à côté d'un détail essentiel. Quand j'étais juge d'instruction à Épinal, un médecin légiste m'avait demandé de le désigner plus souvent pour procéder à des autopsies car il craignait précisément de perdre certains réflexes pourtant indispensables dans la médecine légale, dont l'oubli peut s'avérer lourd de conséquences dans la suite de la procédure judiciaire. Désormais, l'inscription est faite pour une durée probatoire de deux années, à l'issue de laquelle l'expert doit présenter à nouveau sa candidature et peut alors être réinscrit pour une période de cinq ans, après avis motivé d'une commission associant des magistrats et d'autres experts.

Mais la loi est restée muette sur un point non négligeable : rien n'interdit à un expert judiciaire de réaliser par ailleurs des expertises pour le compte de compagnies d'assurances. En dépit du serment prêté d'accomplir leur mission en leur honneur et conscience, comment ne pas craindre que certains soient tentés de minorer, dans le cadre d'une expertise judiciaire, l'importance de dommages corporels qui seront ensuite indemnisés par un assureur susceptible de leur confier par ailleurs des missions en vue d'une transaction ? La qualité d'« expert près la cour d'appel de... » risque alors de faire une forte impression sur les victimes. « À quoi bon contester l'expertise, se demanderont nombre d'entre elles, puisque le médecin travaille aussi pour les tribunaux ? »

Le juge devant indemniser en fonction de barèmes médicaux, sur lesquels je reviendrai, la question de l'impartialité des experts n'est pas anodine.

Comment expliquer qu'une même blessure (fracture des os du carpe) pouvait être indemnisée en 1991 dans le ressort de la cour d'appel de Lyon à hauteur de 14 200 francs si l'expert la qualifiait de moyenne (4/7) ou de 100 000 francs à la cour d'appel de Rennes si l'expert la qualifiait d'importante (6/7) ?

(*Recueil Dalloz-Sirey*, 1992, Chronique, page 205). 14 200 francs ou 100 000 francs pour exactement le même dommage corporel... Et encore ne s'agit-il que de moyennes calculées sur la base de différentes décisions judiciaires. Mieux valait à l'époque avoir affaire à un expert judiciaire impartial à Rennes qu'à un expert lyonnais travaillant également pour des compagnies d'assurances...

Ce bel exemple d'injustice appartient-il à une époque révolue ? Je le voudrais bien. Mais comment ne pas en douter en découvrant dans le Fichier des victimes indemnisées sur les dossiers réglés en 2010 que pour la même qualification des souffrances endurées (6/7) et pour le même taux d'AIPP (atteinte à l'intégrité physique et psychique), 15 %, et pour des victimes presque du même âge (20 et 21 ans), la cour d'appel de Lyon a alloué 25 000 euros et le tribunal de grande instance de Nîmes 35 000 euros ?

Le tribunal de grande instance de Bourg-en-Bresse étant situé dans le ressort de la cour d'appel de Lyon, et disposant en conséquence des « référentiels » diffusés « à titre indicatif » par la cour, combien d'injustices ai-je commises ? Bien entendu, j'aurais pu indemniser au-delà de ces fourchettes « indicatives ». Mais les assureurs auraient aussitôt fait appel du jugement, et les « hauts magistrats » auraient recadré vite fait la situation. De l'indicatif au directif, il n'y a qu'un pas...

J'ai connu la belle époque où l'indemnisation des préjudices était empreinte d'une certaine simplicité.

Avant d'arriver sur mon bureau, le dossier avait connu plusieurs étapes: dépôt du rapport d'expertise, échange de conclusions entre les avocats, « ordonnance de clôture » rendue par le juge de la mise en état, débats devant les juges, délibéré ou absence de délibéré avec les deux collègues avant d'hériter du bébé pour la rédaction du jugement. Dans le meilleur des cas, trois années s'étaient écoulées depuis l'accident. Six ans n'étaient pas exceptionnels. Un autre argument en faveur de la transaction...

Simplicité de la rédaction car les dommages subis dans la chair se répartissaient à l'époque en deux catégories: le préjudice dit « patrimonial » ou « préjudice soumis à recours » et le préjudice corporel personnel. Cette nomenclature ayant été abandonnée en 2007, je ne l'évoquerai que très brièvement.

Quand j'en avais terminé avec la première partie relative au préjudice patrimonial, j'attaquais le deuxième volet, l'indemnisation du préjudice personnel: les souffrances endurées, le préjudice esthétique, le préjudice d'agrément. Autant de domaines privilégiés de l'arbitraire.

Je ne m'attarderai que sur le préjudice d'agrément, défini par la jurisprudence comme « la diminution des plaisirs de la vie, causée autant par l'impossibilité ou la difficulté de se livrer à certaines activités normales d'agrément » (cour d'appel de Paris, 2 décembre 1977) ou plus récemment comme « le préjudice subjectif de caractère personnel résultant des troubles ressentis dans les conditions d'existence » (assemblée plénière de la Cour de cassation, 19 décembre 2003). Il s'agit en général de la privation d'une pratique sportive, de l'impossibilité de s'adonner à la lecture, voire de savourer les bons petits plats à cause d'une perte du goût ou de l'odorat.

Je devine une question: *quid* de l'impossibilité définitive ou ponctuelle d'avoir des rapports sexuels et de l'incidence sur le conjoint? Une vie sexuelle épanouie ne fait-elle pas partie des agréments de l'existence?

Quand elles liront les lignes qui suivent, combien de victimes aujourd'hui âgées regretteront de n'avoir pas perdu leur libido dans une période récente? Car la jurisprudence a considérablement évolué ces trente dernières années.

Quand les magistrats ont commencé à indemniser le préjudice sexuel, ils l'ont d'abord inclus dans l'IPP (incapacité permanente partielle), donc dans les préjudices soumis au recours des organismes sociaux, ce qui diminuait parfois sévèrement la somme revenant à la victime. À partir de 1988, la Cour de cassation a considéré qu'il s'agissait d'un préjudice personnel, élément du préjudice d'agrément. Elle a ensuite admis en 1990 qu'il pouvait s'agir d'un préjudice distinct, tout en laissant toute latitude aux tribunaux. Du coup les victimes étaient plus ou moins bien indemnisées, un professeur de médecine, dont je préfère taire le nom, écrivant sérieusement que «le préjudice d'agrément est une sorte de notion fourre-tout, où le sexe risque de se perdre»! Depuis le passage au troisième millénaire, le préjudice sexuel est exclusivement indemnisé comme tel. On ne devrait plus revoir de décisions comme celle de cette cour d'appel qui, en 1989, avait refusé d'indemniser une femme blessée à la vulve dans un accident et qui avait subi l'ablation du clitoris, considérant que « les allégations de la victime ne sont pas médicalement vérifiables ». Ou ce jugement du tribunal d'instance de Saintes du 6 janvier 1992 qui avait indemnisé le préjudice sexuel d'un homme qui n'avait pas eu de relations intimes avec son épouse pendant deux mois et demi, suite à un accident dont elle avait été victime. Partant du postulat que les couples ont un rapport par semaine, le tribunal en avait déduit que la victime « pouvait légitimement se plaindre d'avoir été privée de dix rapports conjugaux ». Le mari réclamait 12 000 francs. Le juge avait ramené l'indemnité à 3 000 francs, 300 francs le rapport : n'était-ce pas à l'époque le tarif d'une prostituée ? (Ces deux décisions sont extraites de l'étude d'une universitaire, Martine Bourrié-Quenillet, publiée au JurisClasseur, 1996, doctrine 3986.)

Des perles que l'on ne devrait plus jamais revoir... La jurisprudence distingue désormais trois types de préjudices sexuels :

- le préjudice morphologique lié aux atteintes des organes sexuels ;
- le préjudice lié à la perte du plaisir lors de l'acte ;
- le préjudice lié à l'impossibilité ou la difficulté de procréer.

Les indemnités varient de 500 euros pour une impossibilité temporaire à 50 000 euros pour un préjudice affectant totalement et définitivement les trois aspects de la fonction sexuelle: perte de la libido, perte de la capacité d'accomplir l'acte sexuel, atteinte définitive de la fonction de procréation.

Le partenaire habituel est lui aussi indemnisé pour les répercussions indirectes, mais les tribunaux n'accordent à ce jour jamais plus de 16000 euros.

Le progrès est donc réel et mérite d'être salué. Mais parmi les centaines de victimes dont j'ai fixé l'indemnisation entre 1988 et 2003, combien ont subi un préjudice sexuel plus ou moins important, pour lequel elles n'ont rien perçu, par pudeur de leur part à évoquer la question devant le médecin, refus de ce dernier de poser la question ou ignorance de leur avocat sur ce droit à indemnisation ?...

Bien entendu, la victime d'un accident n'est jamais seule à souffrir des conséquences. Ses proches voient souvent leur vie bouleversée, que ce soit sur le plan économique ou affectif. Aujourd'hui comme hier, les deux volets donnent droit à indemnisation.

Le préjudice économique de la famille est calculé différemment suivant que la victime de l'accident est décédée ou restée handicapée. Dans la première hypothèse, les juges doivent rechercher, si le défunt exerçait une activité professionnelle, la perte annuelle de ressources pour les survivants et la répartir entre eux en fonction de la durée pendant laquelle ils pouvaient y prétendre. Cette perte de revenus est allouée suivant de savants calculs, incluant le recours à des barèmes de capitalisation des rentes, qui n'ont pas été modifiés depuis novembre 2004. Si la victime est « seulement » restée handicapée, le préjudice peut résulter de la nécessité pour le conjoint d'arrêter de travailler ou d'adapter son activité professionnelle pour assister la victime. Je le répète, ces calculs, qui virent souvent aux comptes d'apothicaire parfois sordides, sont d'une extrême complexité, et ne peuvent qu'accroître le désarroi des proches, obligés de produire moult justificatifs. L'indemnisation du préjudice moral ou « d'affection » est au contraire d'une extrême simplicité. Et d'une extrême cruauté.

Aux yeux de la justice, la perte du conjoint, d'un ascendant ou d'un enfant ne vaut pas cher. Et pas plus aujourd'hui qu'hier. Dans les années 1990, le préjudice moral d'une veuve était indemnisé au grand maximum à hauteur de 100 000 francs, et celui des enfants de 80 000 francs. Curieusement, les trois enfants mineurs du directeur général d'une grosse société tué dans un accident avaient obtenu de la cour d'appel de Paris le 8 novembre 1994 chacun 100 000 francs. Comme si les « gosses de riches » souffraient davantage de la mort de leur père que les enfants d'ouvriers... Mais, surtout, j'ai le souvenir qu'à la même époque une célèbre journaliste avait obtenu 150 000 francs de dommages-intérêts suite à la publication dans un hebdomadaire d'une photo la représentant avec son compagnon et leur fils. Le droit à l'image était plus important que la mort d'un parent ou d'un enfant...

Qu'en est-il aujourd'hui ?

La perte d'un enfant sera indemnisée pour chacun de ses parents dans une fourchette comprise entre

20 000 et 30 000 euros. S'il a été victime d'un crime, l'indemnisation pourra être portée, dans le ressort de quelques cours d'appel, à 40 000 euros... La souffrance des parents est-elle plus cruelle si leur enfant a péri dans un homicide volontaire que s'il est décédé brutalement dans un accident de la circulation ? Pour la justice, il faut croire que oui... Que de subtiles considérations ! Par ailleurs, ces sommes sont à comparer avec les 45 millions d'euros accordés à Bernard Tapie par une commission arbitrale pour le « préjudice moral » qu'il aurait subi lors de la vente d'Adidas...

Le 22 mars 2013, un événement a sacralisé l'injustice. Ce jour-là, après « une réflexion menée dans le cadre d'un groupe de travail constitué au sein de la cour d'appel de Paris associant des magistrats spécialisés [...] devant contribuer à assurer la *réparation intégrale* du préjudice corporel des victimes », le premier président de la cour d'appel de Paris a mis en ligne un « recueil méthodologique » destiné à harmoniser les jurisprudences des cours d'appel. Et qu'y lit-on, pour se limiter à la seule indemnisation du « préjudice d'affection » subi à la suite de la perte d'un enfant ? Le père et la mère pourront espérer une indemnité de 20 000 à 30 000 euros. Je l'ai dit dans l'avant-propos, pour les 14 hauts magistrats composant ce groupe de travail, la douleur des parents ayant perdu un enfant dans un accident de la circulation mérite de subtiles nuances... Nuances que l'on retrouve par ailleurs dans la réparation du préjudice d'affection subi cette fois par les enfants. Si un enfant mineur a perdu un seul parent, l'indemnisation se situera dans une fourchette entre 25 000 et 30 000 euros. Si l'enfant était déjà orphelin de père ou de mère, la somme allouée sera alors majorée de 40 à 60 %... La belle affaire ! De même, concernant un enfant majeur ayant perdu un de ses parents, le « recueil méthodologique » propose une distinction entre les enfants vivant encore au foyer (indemnisation entre 15 000 et 25 000 euros) et ceux volant de leurs propres ailes (entre 11 000 et 15 000 euros). Eh oui, pour la justice, on aime moins ses parents si l'on a quitté le cocon familial !

J'ai parfois honte de la robe que je porte...

Un quart de siècle après l'entrée en vigueur de la loi du 5 juillet 1985, qui visait, je le répète, à assurer aux victimes non conductrices une réparation rapide et efficace de leurs dommages, ses défauts, que j'avais donc jadis constatés, ont conduit des parlementaires à présenter une proposition de loi destinée à assurer une meilleure protection des victimes dans la procédure d'indemnisation.

À l'issue de travaux qui ont duré neuf mois, au cours desquels ont été entendues des personnalités du monde judiciaire, du milieu médical et de l'assurance, la commission des affaires sociales de l'Assemblée nationale a examiné, pour avis, le rapport de Mme Geneviève Lévy, députée du Var, sur la proposition de loi de M. Guy Lefrand, son voisin de l'Eure dans l'Hémicycle. De multiples amendements ont été adoptés par la commission.

Ils prévoyaient pour l'essentiel :

- la création, sous le contrôle de l'État, d'une base de données recensant toutes les transactions intervenues entre assureurs et victimes, et les décisions définitives des cours d'appel, faisant apparaître le montant des indemnités attribuées pour chaque poste de préjudice, et prévoyant la publication périodique, toujours sous le contrôle de l'État, des indemnités fixées par les arrêts et les transactions ;
- la fixation par décret d'un barème médical unique d'évaluation des atteintes à l'intégrité physique et psychique ;
- l'obligation par l'assureur d'adresser à la victime, dès la première correspondance, notamment la liste des médecins ayant des compétences en réparation du dommage corporel établie par le conseil départemental de l'ordre des médecins du lieu de résidence de la victime, et la liste des médecins auquel l'assureur en charge du règlement du litige fait habituellement appel ;
- l'obligation faite à l'assureur de transmettre à la victime une copie du procès-verbal d'enquête de police ou de gendarmerie dès qu'il en obtient la communication ;
- l'obligation pour la victime d'être assistée lors de l'examen médical d'un médecin-conseil de son choix, ayant des compétences en matière de réparation du dommage corporel et à qui l'assureur ne fait pas habituellement appel ;
- l'obligation pour les médecins de communiquer au conseil départemental de l'ordre le nom des

compagnies d'assurance auxquelles ils prêtent habituellement leur concours, le défaut de communication de ces renseignements constituant une faute disciplinaire.

Ces divers amendements à des articles de la loi du 5 juillet 1985 constituaient un véritable renforcement de la protection des victimes, les dispositions simplement facultatives devenant obligatoires. J'y aurais ajouté une autre modification, tendant à rendre également obligatoire l'assistance d'un avocat dès la première correspondance de l'assureur à la victime, suivant des modalités proches de celles prévues pour les médecins, à commencer par la communication à la victime de la liste des avocats « purgée » de ceux travaillant habituellement pour des assureurs.

Cet avis présenté par Mme Lévy « au nom de la commission des affaires sociales sur la proposition de loi visant à améliorer l'indemnisation des victimes de dommages corporels à la suite d'un accident de la circulation » a été enregistré à la présidence de l'Assemblée nationale le 9 février 2010.

Que croyez-vous qu'il arriva ?

Rien.

Le texte disparut dans les dédales parlementaires.

L'injustice n'est décidément pas l'apanage des juges.

Un puits sans fond

L'injustice se glisse parfois dans les brèches les plus étroites que la meilleure volonté d'une des parties au procès était pourtant prête à colmater. Mais on ne peut rien contre la bêtise et la cupidité.

Dans le cadre de mes fonctions de juge de l'expropriation au tribunal de grande instance de Bourg-en-Bresse, une affaire a marqué tous les intervenants, y compris les collègues de la cour d'appel de Lyon qui ont infirmé ma décision. Des années plus tard, le président de la chambre de l'expropriation m'en parlait encore.

J'étais chargé d'indemniser la propriétaire d'une belle parcelle de 17 000 m^2 située à proximité d'un village du pays de Gex, cette partie du département touchant la Suisse, où l'immobilier atteint des prix azuréens. La procédure d'expropriation était destinée à la construction d'un collège. Le service des domaines, qui doit donner son avis sur la valeur d'un bien exproprié pour cause d'utilité publique, l'avait évaluée à 120 000 francs (environ 18 000 euros), conformément à son classement en terre agricole dans le plan d'occupation des sols (POS). Le maire de la commune, conscient du caractère ridiculement bas de la somme, concernant un terrain d'un seul tenant, certes dépourvu de réseaux (eau, électricité, voirie), mais ceux-ci étant tous situés à proximité, avait proposé d'ignorer le POS, lequel devait d'ailleurs être bientôt modifié, pour offrir une indemnité correspondant à un terrain constructible, soit à peu près 2200000 francs (environ 310000 euros). La propriétaire, un sécheron d'une soixantaine d'années, réclamait 17 millions de francs (2300000 euros) ! La rencontre sur les lieux fut houleuse, la femme ne voulant d'abord pas démordre de sa réclamation, faisant valoir son attachement à une propriété comportant un arbre planté dessus avant guerre par sa tante. Après moult discussions, elle consentit à ramener sa demande à 2500000 francs. Le maire, qui avait comme moi fait preuve de beaucoup de patience, conclut la négociation en disant qu'il allait réunir le conseil municipal dans l'après-midi pour avoir son avis sur cette rallonge de 300000 francs. Il m'appela en fin de journée pour m'annoncer que ses adjoints avaient refusé la demande. Je rendis donc un jugement allouant à la propriétaire 2200000 francs. Contre toute attente, l'expropriée fit appel. La cour, appliquant le droit dans toute sa rigueur, infirma mon jugement et ramena l'indemnité à... 120000 francs ! La femme forma un pourvoi en cassation, rejeté quelques mois plus tard. Moralité : une fois réglés les honoraires de ses avocats, elle ne perçut que des clopinettes...

J'ai souvent répété à des justiciables, qui, enfermés dans leur logique, ne m'écoutaient presque jamais, qu'on ne peut pas faire le bonheur des gens contre leur gré. Cette affaire en est la parfaite illustration.

À l'automne 2012, j'ai longuement hésité à commettre une injustice. Après avoir mesuré les conséquences pour la victime potentielle de ma décision, j'ai choisi la voie fatale pour elle.

Les faits sont les suivants: le véhicule de cette personne avait été embouti à l'arrière par une autre automobile. La responsabilité du conducteur de celle-ci n'étant juridiquement pas contestable, son assureur avait fait diligenter une expertise amiable des dégâts matériels. Il ressortait du rapport que la remise en état de la voiture de la victime s'élevait à 3 121,74 euros, alors que sa valeur de remplacement était de 210 euros (il s'agissait d'un petit modèle âgé de 8 ans) et sa valeur résiduelle de 11,55 euros. La compagnie d'assurance proposait à la propriétaire une indemnité de 198,45 euros, correspondant à la différence entre la valeur de remplacement et la valeur résiduelle. La propriétaire refusait cette offre dérisoire et avait donc saisi le tribunal d'instance pour demander à être indemnisée à hauteur de 3 121,74 euros.

Problème: suivant un arrêt de la Cour de cassation du 22 septembre 2009, « le droit au remboursement des frais de remise en état d'une chose endommagée a pour limite sa valeur de remplacement ». En d'autres termes, si les frais de réparation dépassent la somme permettant de racheter un véhicule identique, le juge doit limiter l'indemnité à cette valeur de remplacement. Quelle décision pouvais-je prendre ? Si j'allouais à la victime les 3 121,74 euros réclamés, seul moyen pour elle de récupérer sa voiture en état de marche, la compagnie d'assurance formerait aussitôt un pourvoi en cassation, l'appel n'étant, hélas, pas possible compte tenu du montant de la demande, inférieur à 4000 euros. Certes l'arrêt du 22 septembre 2009 avait été rendu par la chambre commerciale et non par l'assemblée plénière. Comment aurait tranché la chambre civile saisie du dossier ? Elle aurait pu rejeter le pourvoi, ou casser ma décision et renvoyer l'affaire devant un autre tribunal d'instance. Une procédure longue et coûteuse, avec à l'arrivée le risque pour la malheureuse victime de devoir rembourser les 3 121,74 euros. J'ai préféré la débouter, conscient par ailleurs que, ne disposant pas de la puissance financière d'une compagnie d'assurance, elle ne se pourvoirait pas en cassation.

La réaction ne s'est pas fait attendre. Quelques jours après avoir reçu le jugement, elle m'a écrit une longue lettre incendiaire, conclue en ces termes : « Je suggère au monde judiciaire de proposer à l'Assemblée nationale de statuer sur la suppression pure et simple de l'article 1382 du Code civil. Ainsi, les tribunaux ne seront plus encombrés d'outrecuidants comme moi, qui osent vouloir obliger les fauteurs à répondre de leurs actes et ont même la candeur de croire que justice = équité.

Mon éducation m'oblige, Monsieur le Juge, à vous présenter mes salutations. »

Les courriers de justiciables mécontents nous laissent en général indifférents. Cette lettre m'a marqué, car elle traduit le refus légitime d'accepter une décision injuste. Et je ne pouvais pas répondre à cette personne que j'avais rendu une décision inique « pour son bien », sachant par ailleurs que d'autres magistrats de la Cour de cassation, en rejetant le pourvoi de la compagnie d'assurance, lui auraient peut-être donné raison…

J'ai gardé pour la fin deux contentieux dans lesquels j'ai été l'acteur et le témoin impuissant d'injustices qui frappent les personnes les plus démunies et les plus vulnérables : les crédits à la consommation et le surendettement. Je n'ai pu que mesurer mon impuissance à lutter contre la philosophie consumériste de notre société, encouragée par les pouvoirs publics, alliés objectifs de ce que l'on appelait jadis « le grand capital ».

Ce ne sont pourtant pas les lois qui manquent en la matière, une frénésie suspecte, alors que nous avons vu qu'une proposition de loi destinée à mieux protéger les victimes d'accidents de la circulation est restée dans les cartons… Entre le 31 décembre 1989 et le 17 mars 2014, six lois ont encadré le crédit à la consommation et le surendettement, ce dernier étant la conséquence inéluctable pour des centaines de milliers de petites gens de la souscription de « crédits renouvelables », appellation désormais officielle des « crédits revolving » ou « crédits permanents ». La loi du 1er juillet 2010 a transposé en droit français une directive européenne du 23 août 2008 destinée à harmoniser les textes pour éviter une concurrence déloyale entre organismes prêteurs. On voit ainsi de quel côté a penché le cœur du législateur... En faisant passer le montant maximum du crédit autorisé de 21 500 à 75 000 euros, il a creusé le gouffre sous les pieds des consommateurs irréfléchis. Tous les commentateurs de cette loi (dont des magistrats) s'accordent à dire qu'elle a diminué la protection des consommateurs en les rendant plus responsables, alors qu'ils sont rarement capables de déceler les pièges contenus dans les contrats. Il faudrait d'ailleurs qu'ils commencent par lire ces « offres préalables de crédit » avant de signer. Des publicités alléchantes ou les boniments d'un vendeur tuent dès le début tout esprit critique. Et quelle hypocrisie ! L'article L311-5 du Code de la consommation prévoit désormais que toute publicité, à l'exception notable de celles radiodiffusées, doit contenir la mention bien visible : « Un crédit vous engage et doit être remboursé. Vérifiez vos capacités de remboursement avant de vous engager. » Une mise en garde qui rappelle curieusement d'autres avertissements : « L'abus d'alcool est dangereux pour la santé » ou « Fumer tue ». On connaît l'efficacité de ces messages. Quelle personne aux abois ou naïve, dans l'illusion du bonheur par la possession de biens matériels, s'attardera sur ces considérations ?

Pourquoi le législateur n'a-t-il pas adopté une mesure qui existe notamment en Belgique et en Allemagne : la création d'un fichier indiquant pour les particuliers les crédits en cours ? Un fichier que devraient consulter les prêteurs professionnels avant d'accorder un nouveau crédit. Ils pourraient ainsi mesurer le degré de solvabilité des candidats à un nouvel emprunt. Le défaut de preuve de consultation du fichier serait sanctionné par le rejet des demandes de remboursement à l'encontre d'un débiteur défaillant. Simple, efficace, mais nuisible à l'économie. On préfère laisser des petites gens se mettre la tête sous l'eau.

Du coup, les tribunaux d'instance sont encombrés de centaines de milliers de procédures introduites par les sociétés de crédit. Requêtes en injonction de payer ou en saisies-arrêts sur salaires, assignations en remboursements de prêts ou, pour les débiteurs les plus malheureux, demandes de plans de surendettement.

La marge de manœuvre laissée aux juges par le législateur est très étroite. La déchéance du droit aux intérêts est la sanction la plus souvent prononcée en cas de non-respect par les prêteurs professionnels de certaines dispositions légales. Autant dire *peanuts*... Certes, la loi du 1er août 2003 a créé une procédure, désormais appelée « rétablissement personnel sans liquidation judiciaire », qui consiste à effacer les dettes de personnes se trouvant « dans une situation irrémédiablement compromise » et qui ne possèdent pas de biens saisissables. Une perte sèche pour les sociétés de crédit, que la crise économique accentue. Mais les taux d'intérêt pratiqués dans des centaines de milliers de contrats compensent largement le manque à gagner.

Combien ai-je vu de personnes seules, des femmes le plus souvent, encore jeunes, avec plusieurs enfants à charge, touchant le smic ou percevant le RSA, comparaître devant moi suite au recours d'un créancier mécontent que la dette soit annulée par la commission de surendettement ? Des accidentées de la vie, victimes d'une rupture conjugale et de ses répercussions financières, souvent exploitées par un employeur indélicat... Bien entendu, j'ai toujours confirmé l'effacement des dettes. Une décision injuste à l'égard d'autres créanciers, moins fortunés que les sociétés de crédit. Je pense à tous les bailleurs individuels, qui ne verront pas un centime des loyers impayés et qui peuvent s'estimer heureux s'ils ont pu obtenir l'expulsion du locataire...

Les audiences de saisies-arrêts sur salaire ou de surendettement m'ont permis de prendre conscience de deux autres réalités. La plupart des débiteurs défaillants sont incapables de dire ce qu'ils ont fait des sommes empruntées. Si le premier crédit a permis d'acquérir des biens matériels ou de s'offrir un peu de bon temps, le deuxième a souvent servi à rembourser le premier, et ainsi de suite. Un puits sans fond... Par ailleurs, combien de personnes ai-je vu complètement perdues dans la paperasserie qui leur tombe dessus de tous les côtés, incapables de comprendre les termes des courriers administratifs ?

La matière interdit cependant tout manichéisme. Si je n'ai jamais pleuré la perte de quelques milliers d'euros par des sociétés de crédit, j'ai compati parfois au sort d'autres créanciers. Car il existe des individus sans scrupules qui savent profiter du système. J'ai le souvenir d'un modeste retraité qui avait formé un recours contre la décision de la commission de surendettement accordant un moratoire de plusieurs années à un couple pour apurer ses dettes. L'homme était fonctionnaire catégorie A et l'épouse DRH au chômage. En dépit de cette situation toute provisoire (le jour de l'audience, la femme avait retrouvé du travail), le ménage gagnait environ 4800 euros par mois. Eux aussi avaient formé un recours, pour solliciter que le délai pour apurer leurs dettes soit porté au maximum, soit 96 mois. Leur voisin, ce brave retraité, à qui ils avaient emprunté 25000 euros en promettant un remboursement rapide, avait devant moi éclairé le dossier d'un jour nouveau. Le couple menait grand train : voyages à l'autre bout de la planète, fréquentation des meilleures tables de la région, etc. Les dettes s'élevaient à près de 200000 euros ! J'avais ramené à deux ans le délai pour apurer la dette à l'égard du voisin. En espérant secrètement qu'un décès prématuré de ce dernier, sans héritier, n'éteigne pas la dette...

Même si la position sociale du créancier est en apparence avantageuse, la malignité des débiteurs mérite parfois qu'on ne leur fasse pas de cadeaux. Un constructeur de maisons individuelles avait formé un recours contre la décision de la commission de surendettement accordant un moratoire de 24 mois à un couple pour vendre sa maison et régler ainsi les 18000 euros qu'un jugement du tribunal de grande instance les avait condamnés à payer au pavillonneur. Seul ce dernier s'était présenté à l'audience, très remonté contre ses clients. « Ils travaillent tous les deux, ils ne payent pas de loyer. Ils possèdent chacun une belle voiture. Ils n'ont toujours pas mis la maison en vente. Moi, j'ai des ouvriers à payer, des charges à régler. Il suffirait de quelques clients dans leur genre pour que ma boîte coule. » J'avais ramené à 6 mois le délai accordé à ces mauvais payeurs pour vendre leur pavillon. Faute de quoi, la maison pourrait être saisie et vendue par le créancier.

Certains débiteurs naïfs ne s'en tirent pas à si bon compte qu'ils l'espéraient. Cet autre couple pensait-il que la commission effacerait les dettes, les revenus étant modestes et les charges importantes ? Manque de chance, ils étaient propriétaires de leur maison (avec un crédit toujours en cours), et la commission avait accordé un moratoire de deux ans pour la vendre. Comme par miracle, le jour de l'audience, le mari m'annonça qu'il venait de décrocher un travail en CDI, et son épouse, aide maternelle, qu'elle avait trouvé deux autres enfants à garder ! Je renvoyai le dossier devant la commission pour l'élaboration de nouvelles mesures prenant en compte l'augmentation des ressources. Ils pourraient ainsi conserver leur maison. Il n'empêche que, pour avoir cédé au mirage de la propriété individuelle, la famille devrait compter au centime près pendant de très longues années...

La bêtise et la naïveté d'autres justiciables plongés dans les ennuis financiers sont désespérantes. J'ai le souvenir d'une fonctionnaire d'une cinquantaine d'années, gagnant environ 2 200 euros par mois, qui avait souscrit pour près de 50 000 euros de crédits. À ma question de savoir à quoi avait servi l'argent, elle avait répondu : « C'était pour aider ma fille. Elle a beaucoup de besoins. » Devant mon étonnement, elle avait précisé : « Vous comprenez, à 15 ans, c'est une vraie petite femme. » Je pense aussi à ce couple, de condition très modeste, endetté lui aussi à hauteur de 50 000 euros, une somme utilisée pour payer le mariage de la fille aînée, acheter un ordinateur et un téléphone portable à chacun des trois autres enfants et enfin offrir des vacances en Tunisie à toute la petite famille. Devant mon agacement, l'épouse s'était justifiée : « Nous voulions que nos enfants soient heureux comme les enfants de riches. »

Les fonctions de juge d'instance ne peuvent qu'amener à regarder avec circonspection une économie de marché qui repose sur des valeurs frelatées et cause le malheur de petites gens ayant cédé au chant des sirènes. Mais, je le répète, ce type de contentieux interdit tout manichéisme. Tous les débiteurs ne sont pas des personnes irresponsables. Il est difficile aujourd'hui de vivre sans ordinateur, sans téléphone portable, sans voiture, même si l'on est dans une situation précaire. Pour beaucoup de personnes, le recours au crédit est le seul moyen de garder la tête hors de l'eau quand toutes les dépenses explosent : logement, nourriture, etc. La crise économique affaiblit encore davantage les plus défavorisés. En octobre 2012, le nombre de contrats de crédit a augmenté de 26,8 % par rapport au mois de septembre. Combien de malheureux seront ensuite plongés dans le surendettement ? Mais aussi combien d'emprunteurs se saigneront aux quatre veines pour rembourser un prêt avec un taux d'intérêt proche du taux usuraire, sans que la justice soit saisie de leur cas ?

Qu'attend le législateur pour décider d'une vraie réforme en profondeur du système?

La «loi Hamon» votée le 14 février 2014 prévoyait notamment la création d'un «registre national des crédits aux particuliers» que les organismes de crédit auraient été obligés de consulter avant d'accorder un prêt, mesure qui existe déjà en Belgique et en Allemagne, leur permettant de mesurer le degré de solvabilité des candidats à l'emprunt.

Hélas, le Conseil constitutionnel, saisi par des parlementaires de l'UMP, a censuré cette mesure le 14 mars 2014, décidant qu'elle «porte une atteinte au droit au respect de la vie privée qui ne peut être regardée comme proportionnée au but poursuivi». Pour lever toute ambiguïté, je précise que des associations de consommateurs étaient également hostiles à la création de ce registre.

Le gouvernement plancherait depuis sur d'autres solutions: abaissement des seuils de crédit à partir desquels se seraient demandés des justificatifs de revenus ou la production des derniers relevés de comptes. Si ces pistes de travail ne portent pas une nouvelle atteinte à la vie privée... C'est plutôt mal parti pour mettre un terme aux pratiques souvent scandaleuses des organismes de crédit...

Ce refus d'une mesure radicale n'est-il pas secrètement motivé par le fait que les couches sociales les plus modestes contribuent largement à faire tourner l'économie?

Résultat: chaque semaine, ce sont plusieurs dizaines de procédures en provenance de la commission de surendettement qui atterrissent aux greffes des tribunaux d'instance. Des demandes d'homologation de mesures recommandées ou imposées, ou de rétablissement personnel que l'on signe sans avoir toujours le temps d'examiner les pièces avec toute l'attention nécessaire. Ou dans le cadre du contentieux civil, des ordonnances d'injonction de payer ou des jugements que l'on rend en ne disposant que de pouvoirs très limités, des cautères sur une jambe de bois.

La justice cautionne les appétits du veau d'or.

Notre société fabrique chaque jour de nouvelles victimes d'injustices, méprisées et sacrifiées sur l'autel d'une économie sans âme. Les juges sont les dindons de la farce, condamnés aux basses besognes, manipulés par les services juridiques, puissants et doués d'une remarquable faculté d'adaptation, des établissements de crédit, sous le regard faussement compatissant du législateur.

Pas de quoi se rengorger de porter la robe.

Le grand fracas

« Mais vous, qui êtes-vous pour me juger ? » Personne n'a jamais osé me poser la question, certes brutale, mais découlant d'un doute parfaitement légitime. Qu'aurais-je répondu ? Que mon quotient intellectuel était peut-être plus élevé que celui de l'audacieux osant ainsi m'apostropher, mais qu'en revanche je n'étais nullement convaincu que mes qualités et mes vertus soient toujours supérieures aux siennes. « Non, je ne suis pas meilleur que vous. Seuls ma naissance, mon éducation et nos parcours respectifs expliquent qu'aujourd'hui je sois autorisé à vous juger », aurais-je ajouté avec une humilité non feinte.

Mon imperfection a remis à sa place ma prétention à vouloir rendre la justice.

La tâche n'a été rendue possible qu'en raison des limites que la société m'a fixées. J'ai été un bon petit soldat, tranchant les litiges qui m'étaient soumis en appliquant les règles de droit définies par le législateur et d'autres juges, d'un rang plus élevé que le mien dans la hiérarchie judiciaire. J'ai appliqué des lois imparfaites parce que votées par des hommes et des femmes eux-mêmes imparfaits, guidés dans certains cas par l'émotion, ou soumis à l'influence des lobbies, vivant souvent dans l'ignorance des forces telluriques qui brassent le corps social et s'opposent dans un bouillonnement permanent.

J'ai agi sous le contrôle de personnes qui ont quelquefois corrigé mes erreurs parce que les qualités dont elles ont fait preuve dans leur carrière leur ont donné un droit de contrôle sur mon travail. Je n'ai pas eu d'autre choix que celui de m'incliner.

Ma soumission n'a jamais pesé bien lourd sur ma conscience. Je connaissais dès le début les règles du jeu.

Des règles du jeu qui ne gomment nullement les multiples injustices commises jusqu'au sommet de la hiérarchie, faite elle aussi d'individus de chair et de sang également imparfaits. Leurs mérites, élevés et parfois même admirables, ne soulignent que plus cruellement la vanité à vouloir éclairer de mille feux l'idéal de justice. Oui, l'injustice s'invite aussi sous les lambris dorés.

Je me suis longtemps accommodé de tous les défauts de l'institution judiciaire.

Et puis, un jour, ma carrière s'est fracassée dans un accident majeur dont je ne me suis jamais remis, probablement parce que je porte une part de responsabilité dans une tragédie judiciaire de la pire espèce, car elle a causé la mort d'un innocent. Un homme que j'ai voulu pendant quelques semaines croire coupable du pire des crimes, l'assassinat d'un enfant, en luttant contre le doute qui m'a très vite habité, en refusant de voir l'absurdité des charges qui pesaient sur lui avant de finir par me ranger à l'évidence et de lui rendre sa liberté, sans tirer la moindre gloriole de ma décision. La stupidité de mon aveuglement l'a emporté sur la fierté d'avoir rectifié mon erreur.

J'ai vu sans cynisme dans cet épisode malheureux un *incident de parcours* comme il en existe parfois dans des dossiers difficiles, quand, pour de multiples raisons, la vérité se dérobe.

Mais d'autres ne l'ont pas entendu de cette oreille. Des forces se sont alors liguées pour tuer cet homme. En le réduisant au silence, elles ont permis au soupçon infâme de distiller son poison infect, et de l'assassiner une seconde fois dans l'opinion.

Son martyre m'a conduit à découvrir la plus cruelle des injustices, la mémoire salie d'un innocent défunt.

Voilà pourquoi j'ai perdu depuis longtemps toutes mes illusions sur la justice. Cette tragédie m'a dessillé les yeux sur la réalité quotidienne de l'institution, qui fait la part belle à l'injustice, parce que les hommes ont voulu qu'il en soit ainsi. J'espère en avoir apporté la preuve. Et, sans elle, je serais probablement resté un bon petit soldat, fier des galons que je n'aurais pas manqué de gagner.

Quand cet homme est entré pour la première fois dans mon cabinet, je n'aurais jamais imaginé que je contractais ce jour-là une dette envers celui qui deviendrait pour moi le symbole le plus fort de l'aveuglement judiciaire.

Mais cela est une autre histoire.

Table

et aussi

au **cherche midi**

Documents « Actualité »

JEAN-JACQUES BOURDIN

L'Homme libre

DIDIER DAENINCKX

La Mémoire longue
L'Espoir en contrebande

MARC FRESSOZ

F.G.V., Faillite à grande vitesse

MÉLINA GAZSI

Les Scandales du permis à points

HASSEN CHALGHOUMI

Pour l'Islam de France
Avec David Pujadas :
Agissons avant qu'il ne soit trop tard

STÉPHANIE GIBAUD

La Femme qui en savait vraiment trop

AUDREY GUILLER, NOLWENN WEILER

Le Viol, un crime presque ordinaire

LAURENT HUBERSON

Enquête sur Edwy Plenel
Vu de l'Intérieur

BRENDAN KEMMET

S.O.S police
Scènes de la vie quotidienne

RÉMY LANGEUX ET MATHIEU MAYE

Voyage au cœur d'une France fasciste et catholique intégriste

JEAN-YVES LE BORGNE

La Garde à vue, un résidu de barbarie

PATRICK PELLOUX

Urgences pour l'hôpital
Urgences… si vous saviez
Histoires d'urgences tome 1
Histoires d'urgences tome 2
On ne vit qu'une fois

HOMAYRA SELLIER – SERGE GARDE

Enquête sur une société qui consomme des enfants

SIHEM SOUID

Omerta dans la police
Abus de pouvoir, homophobie, racisme, sexisme
La Suspendue de la République

PHILIPPE VÉNÈRE AVEC JEAN-BAPTISTE DROUET

Le Grand Racket des automobilistes

Documents « Politique »

ALAIN BOCQUET

Un Marx, et ça repart !

OLIVIER BESANCENOT

On a voté… et puis après ?
La Conjuration des inégaux

CLAUDE ESTIER

François Hollande
Journal d'une victoire
Anne-Hidalgo maire de Paris
Journal de campagne

ÉLISABETH GUIGOU

L'Europe, les défis à venir
de la première puissance mondiale

JEAN-CHRISTOPHE LAGARDE

Les Hypocrisies françaises

MANUEL VALLS

L'Énergie du changement
L'abécédaire optimiste

Documents « Histoire »

ALEXANDRE BORYCKI

17 juillet 1942 : un train parmi tant d'autres

THIBAULT DAMOUR

Si Einstein m'était conté

FRANÇOIS EYCHART ET GEORGES AILLAUD

« Les lettres françaises » et « Les étoiles »
dans la clandestinité 1942-1944

PHILIPPE LAMARQUE

Le Débarquement en Provence jour après jour

CHRISTIAN LANGEOIS

Marguerite
Biographie de Marguerite Buffard-Flavien (1912-1944)
Henri Krasucki
1924-2003

DOMINIQUE LORMIER

La Bataille de France jour après jour
L'Apport capital de la France dans les victoires des Alliés
La Libération de la France jour après jour
Histoires extraordinaires de la Résistance française
Les Crimes nazis à la Libération de la France

ROCHUS MISCH

J'étais garde du corps d'Hitler

MAURICE RAJFSFUS

La Police de Vichy
La Police hors la loi
Les Français de la débâcle
Mai 1968
La Censure militaire et policière 1914-18
De la victoire à la débâcle
Opération étoile jaune
La Rafle du Vel d'hiv
La Libération inconnue
Le Chagrin et la Colère
Candide n'est pas mort
Drancy
Un camp de concentration très ordinaire 1941-1944

EDVARD RADINSKY

Alexandre II. La Russie entre espoir et terreur
Nicolas II
Joseph Staline

JEAN-PIERRE RICHARDOT

SNCF
Héros et salauds pendant l'Occupation

GUY VADEPIED

Émilien Amaury (1909-1977)
La véritable histoire d'un patron de presse du XXe siècle

Documents « Biographies/Témoignages »

FLORENCE AMIOT-PERLMEYER

Je t'embrasse un grand coup
Rencontres avec Lucie Aubrac

ANNE JOUBERT

De la zone à l'ENA

OLIVIER DE KERSAUSON

Tous les océans du monde
Ocean's songs
Le Monde comme il me parle

VICTOR LANOUX

Laisser flotter les rubans

CÉCILE ET OLIVIER DE LA ROCHEFOUCAULD

Les Enfants du large

IVAN LEVAÏ

Chronique d'une exécution

FRANÇOISE SAGAN

Tout le monde est infidèle
Entretiens avec André Halimi

JEAN-LOUIS TRINTIGNANT

Du côté d'Uzès

CHARLOTTE VALANDREY

L'Amour dans le sang
De cœur inconnu
N'oublie pas de m'aimer

VÉRONIQUE VASSEUR

Médecin-chef à la prison de la Santé

JACQUES WEBER

Des petits coins de paradis

ALAIN WODRASKA

Barbara, une vie romanesque

Documents « Société/Économie »

STÉPHANIE BECQUET

Journal d'un médecin généraliste

SAUVEUR BOUKRIS

Ces médicaments qui nous rendent malades
Santé : la démolition programmée
La Fabrique de malades

CHRISTOPHE CAUPENNE

Négociateur au RAID

FRANCK CHAUMONT

Homo-ghetto
Gays et lesbiennes dans les cités : les clandestins de la République

YVES COUPRIE

Manuel de survie par temps de crise

JEAN-BAPTISTE DROUET

Les Maltraitances invisibles

MARIELLE DUMORTIER

Mon médecin du travail

Pr PHILIPPE EVEN ET Pr BERNARD DEBRÉ

Guide des 4 000 médicaments utiles, inutiles ou dangereux

Pr PHILIPPE EVEN

La Vérité sur le cholestérol

SERGE PAPIN

Pour un nouveau pacte alimentaire

FSC www.fsc.org
MIXTE
Papier issu de sources responsables
FSC® C003309

Les papiers utilisés dans cet ouvrage
sont issus de forêts responsablement gérées.

Mis en pages par Soft Office – Eybens (38)
Imprimé en France par CPI Bussière
Dépôt légal : septembre 2014
N° d'édition : 4025 – N° d'impression : 2011415
ISBN 978-2-7491-4025-4